# 從5000元開始，

# 以小錢
# 搏大錢

## CFP教你如何避風險、
## 獲大利的最高CP值投資法

財富自由達人**吳家揚**◎著

# CONTENTS

# CONTENTS

| 第四部 |

# 高獲利競技場：
# 常見的衍生性金融商品
## （VIX／期權／權證）

# 前言
# CFP給小資族的
# 投資建議

先恭喜您翻開這本書！

常有人說理財很難，投資很難，個人的經驗是只要開始就不難。翻開這本書的您，已經有了好的開始。

從5000元起步，配合有效的步驟，隨著時間效益，當您驗收成果之際，回頭看的時候，您會感謝這時的自己，為自己做了一件超有價值的事。

個人從科技公司員工到成為CFP國際認證高級理財規劃顧問，投資過程一路摸索，盤點常見的金融投資工具，閱讀過千百本財經書籍，市面上沒有一本書完全符合自己的需求，太細或太專，以至於見樹不見林。於是乾脆動筆自己寫，將多年的實際操作經驗、思考邏輯紀錄下來，不藏私的教戰。

如果您是社會新鮮人，正在研讀這本書，恭喜您會比同儕更早達成投資目標。如果您已有工作經驗，要恭喜您，能夠看到「將風險放在前面，再來談獲利」的長富秘訣。小資族通常只是沒有大資本，如果賺不到投資的錢，表示觀念或做法有問題，不用擔心。希望看完本書後，按步索驥重新學習，有機會反敗為勝。

書中不做任何商品和個股推薦，而著重於投資根本大法。會詳

述有效步驟「認識自己→了解風險→合適工具→財富增長」，以及聚焦於三大投資工具「股票、基金和衍生性金融商品」，最重要的是教大家找到投資策略，建立個人專屬財務生態系統。讓財源自動穩定成長，讓投資賺錢變成有趣又安心。

內文提到強勢股或數據會有過時的一天，公司基本面變好或變差，都會影響個股股價的表現。政經局勢會影響投資操作區間，投資需要與時俱進，一段時間調整一次。

## 投資成功的起手式

市面上談投資的人很多，卻很少人談風險，甚至避談風險，只談獲利。然而獲利和風險，是一體兩面。資金和風險沒控制好，就算小贏 99 次卻大輸最後一次，人生可能會白忙一場，甚至下場淒慘。反過來，即使小輸 99 場但大贏最後一場，人生也會變彩色的。

要能辨識投資的風險和獲利率，當獲利率高到不尋常的境界，或是還有介紹下線或組織獎金時，您要提高警覺。詐騙事件有一定模式，本質上就是「你要他的小利息，他要你的大本金」。還有些詐騙集團的成員，會自費出書塑造自己是理財專家的形象，提高知名度後方便詐騙。詐騙案有時也會有門神（名律師、名嘴或退休官員）參與其中，不可不慎。

如何評估風險是否異常？要知道 ETF 0050，年化報酬率不到 10%，長期下來，已經打敗全世界 80% 的主動式基金的投資績效。而保險局「只要求」保險公司投資不動產租金收益的報酬門檻，最低投報率為中華郵政 2 年期定儲小額機動利率加 1.5 個百分點（現為

2.345％）。

投資案如果年化報酬率大於20％或短期間爆發力非常驚人，要警醒。如果無法查證，就不要投資。永遠將風險放在首位，避免無謂的損失。「先求不要被騙，再求不要賠錢」，就是投資成功的起手式。

## 小心師傅！

媒體報導有良好績效的投資達人吸引目光，但羅馬不是一天造成的。我們常常看到表象，而選擇性忽略達人們的本質學能、口袋深度和投資經驗，貿然想照著做，結果當然大不同。

書中會提到三類投資市場「技術」提供者：第一類是市場上的「師傅」，特色是善於自吹自擂，媒體或授課講的天花亂墜，吹捧個人績效到巴菲特都望塵莫及。師傅另一特色是失憶與健忘，說過的話和流過的水一樣，也無法複製自己過去的投資績效。第二類稱為「老師」，具有良好投資績效、專業能力和專業證照，低調、有著作，且樂於分享。相較於師傅，老師的學經歷俱佳，不以悲情和破產來當訴求。第三類則是「大師」，他們是享譽國際的頂尖投資者，投資績效數十年來無人能及，如巴菲特和索羅斯。我們只要向第一名的投資大師學習，簡單但也夠了。

師傅，極有可能是詐騙集團的成員，要真正在投資上獲利，要從基本的原理原則向「老師和大師」學習。學習過程雖然慢，但踏實。

## 集中投資，長期持有

投資一大原則，除非懂公司或產業，口袋也夠深，否則盡量以「投資組合」為主，可避免選股風險。高報酬伴隨高風險，要隨時牢記在心的。個股可能很會飆，也可能下市變壁紙，ETF 是很好的選擇。投資組合以 ETF 為主，個股為輔，可降低風險和波動，獲利率可能會降低一些，但能避免非系統性風險。

當系統性風險來臨時，例如 2008 年金融海嘯，可借助衍生性金融商品來規避系統性風險。投資衍生性金融商品是重要的課題，平時要勤加修練，才有可能識別風險降臨時而採取正確措施。

但，小資族要靠投資累積資本，就應該要效法巴菲特「集中投資」於少數個股或基金。集中投資的好處是獲利可大幅提高，但要累積相當實力後再出手。長期持有的好處是，降低持有成本，享受複利的效果。投資理財愈早越好，投入本金越小且越輕鬆達到財務目標。

未來全球投資市場的波動幅度會愈來愈大，台灣也一樣。再一次強調，本書是個人的投資心得，投資精神亙久不變，但策略要隨時空環境而調整。因篇幅的關係，內容不可能鉅細靡遺、包山包海和隨時更新，只會是重點摘錄和自我提醒。

最後，將這本書（暱稱《小資致富秘笈》）獻給家人當傳家寶。

# 第 一 部

# 認識自己，
# 選對方法和策略

# 投資前先問自己 3 個問題，先看 3 大指標

成為市場的常勝軍是投資人共同的願望，不過成為「長」勝軍，才是真贏家。許多人汲汲營營於技術的鑽研，藉此尋找致富秘笈，然而不論是從實戰經驗或是歷史經驗來看，真正的贏家都是抓住大趨勢而大有斬獲。

要如何抓住投資的大趨勢呢？弄清楚下列三個問題再下手。

## 問題一：當前整體大環境如何？

「現在大環境情況如何？」這個問題你隨時都可以找到截然不同的說法，每個人的立場都不同。就以當前的投資市場來說，看多還是空，股票市場是高還是低？光是這個問題，就論戰不休。

當前看多者認為，經濟局勢走出谷底且越來越強健，美國川普總統減稅措施會帶來更大的經濟利益，代表者為巴菲特。

看空者認為股市已經走了 10 年大多頭，也該大幅修正了，再加上國際區域政經情勢不穩定、美元強勢、通膨議題、貿易戰議題和世界四大央行準備 QE 退場，代表者為「崩盤派」的師傅。

多空永遠在交戰，師傅各自表述。別人說只能是參考，錢在你口袋，最重要的是你自己怎麼看？因為這牽涉到個人的價值觀，而價值觀會影響到你整體的投資行為。一些客觀的指標可以幫助自己做判斷：

## MSCI 全球股票指數

MSCI 世界指數約佔 MSCI ACWI 指數的 88%。

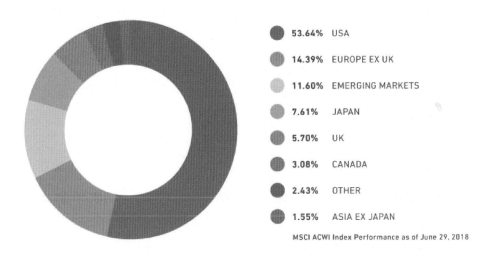

| | | |
|---|---|---|
| ● | 53.64% | USA |
| ● | 14.39% | EUROPE EX UK |
| ● | 11.60% | EMERGING MARKETS |
| ● | 7.61% | JAPAN |
| ● | 5.70% | UK |
| ● | 3.08% | CANADA |
| ● | 2.43% | OTHER |
| ● | 1.55% | ASIA EX JAPAN |

MSCI ACWI Index Performance as of June 29, 2018

（資料來源：https://www.msci.com/world）

每月或每季到 MSCI 官網看資料，可知各國的股票投資比率，當指數中的國家百分比被調整時，可能就是「當地國」一個好的進出場時間點（作多、加碼或放空、減碼）。

MSCI WORLD INDEX PERFORMANCE CHART[3] - GROSS RETURNS (USD)

（資料來源：https://www.msci.com/documents/1296102/1362201/MSCI-MIS-World-Brochure-May-2018.pdf/8f4db460-a0cb-d845-226b-fe2472b3dc08）

　　健康的上漲或多頭總是慢慢走，而下跌或空頭的修正速度相當迅猛。每次下跌或空頭修正，可能有10％甚至20％以上，這時也考驗著人性。

　　從上圖可知，全球型股票指數不管何時進場，包含最差的進場點2008年金融海嘯，只要長時間持有，甚至低點加碼，一定會賺錢或爆賺。2018年的新興市場指數，在400＋／－40應該是可操作的空間。但新興市場的變數比較多，盤整的機會也比較大，買對或買錯國家，長期績效會差很多。

## 美國10年期公債利率

2008年時，美國公債利率還有3.5％以上，後來QE（量化寬鬆 Quantitative easing，一種非常規的貨幣政策）將利率一路往下壓到1.3％。2015年12月17日起，美國聯準會開始啟動升息循環，目前利率來到2.8％的水準，還沒有跡象顯示升息腳步會停止。

聯準會之所以會啟動升息循環，主要看到通膨率逐漸上升、就業市場和經濟成長動能強勁。當然，也想縮表讓貨幣政策正常化。畢竟，QE錢太多的世界是不正常的。

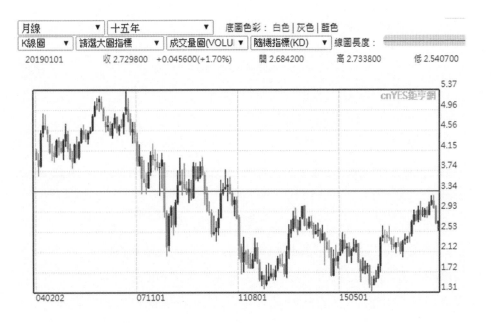

（資料來源：https://www.cnyes.com/futures/html5chart/US10YY.html）

　　經濟學家認定：「無風險利率大於3％時，股市會崩跌，因為只要放在安全的美債就可以了，而不用冒風險去投資」。但巴菲特認為：「經濟學家的話也不用聽，因為他們不了解股市，也無法從股市中獲取利潤。」

　　巴菲特在2008年以前提出一個指標：「巴菲特指標＝美股總市值÷GPD」，2009年3月2日，巴菲特指標為49.42。2018年8月31日，巴菲特指標為148.32。現在也必須修正，在2008年QE後無法適用。他認為「目前唯一」衡量股票的標準，是「美國10年期公債利率」。當美國10年期公債利率大於4％時，再看大環境，來評價股票到底貴不貴。小於4％，不用太擔心。

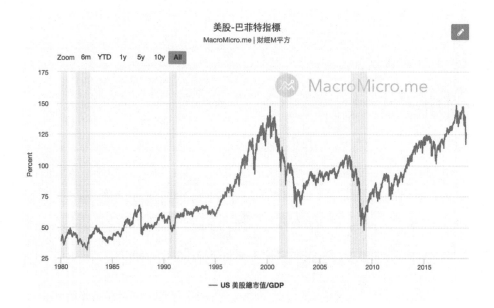

（資料來源：https://www.macromicro.me/collections/34/us-stock-relative/406/us-buffet-index-gspc，更新日期2019年1月9日）

## 美元指數

「美元指數」是與六種國際主要外匯的匯率，透過複雜的公式計算得出，也是一種衡量各國貨幣強弱的指標。美元指數上漲，也就是說美元升值。例如，美元升值會使台幣相對貶值，對台灣出口產業競爭力會增加，但進口商品和國人出國觀光費用會變貴。若美元指數下跌，則相反。

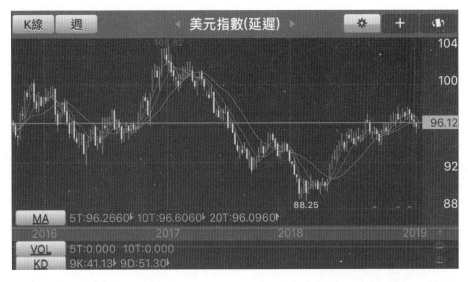

（資料來源：富邦e01軟體）

隨著不同時期，美國貨幣政策和財政政策的推出，而影響美元的強弱。金融海嘯前來到70左右，現在來到96.5。就投資而言，美元指數強，美元回歸美國，對新興市場不利。但一段時間後，會傷害美國的出口。所以正常情況下，會維持一個合理的區間。2017年

4月，預測到2017年底的區間在95＋／–5，還算準。2018年預測92＋／–5，指數區間也算合理，雖然有少數幾天「突破97」。

## 問題二：你要用甚麼工具？

投資的工具非常多樣化，風險和獲利成正比。要採取行動前，要徹底了解自己可承受的風險。依據三大總經指標「MSCI全球股票指數、美國10年期公債利率和美元指數」，做出「正確的判斷」很重要，而「策略」和「持有時間長短」也非常重要。

如果認為目前股市在高點的人，至少可以賣光股票基金或保持空手避一避風頭。積極者，甚至可以採取放空的策略：股票融券賣出、放空指數、買進認售權證或買進PUT的選擇權等等。

如果認為股市還會上漲的人，至少先空手觀望或保有原來的投資水位。積極者，甚至可以使用加碼買進策略：股票融資買進、做多指數、買進認購權證或買進CALL的選擇權等等。

若要投資公債或外匯來獲利，本金需要極大，一般投資大眾買不起。若投資相關的期權，也要專業知識夠的投資人或法人才行；ETF或基金才適合一般投資者。

## 問題三：你要投入多少資金？

要投入多少資金，這關係到你的投資策略，我建議以「睡得安穩」為原則。使用衍生性金融商品時，要量力而為，資金比例不宜

過高，或許只佔投金總金額的10％為上限。如果沒有借錢投資，股票和基金最差的情況只是套牢或輸光。不像衍生性金融商品的高槓桿，操作失利會要人命。

衍生性金融商品一樣要夠專業或口袋夠深才玩得起，最好是以「避險為主、投機為輔」，比較安心。

## 投資停看聽

如果看懂三大總經指標有困難，道瓊指數也是一個簡單的好指標，2018年可以在25000±1000區間操作（大多數時間指數落在此區間內）。積極者，跌破區間就分批加碼，突破區間就分批賣出。

（資料來源：富邦e01軟體）

我們都喜歡學巴菲特，不但他說的話都沒在聽：「道瓊到10萬點、下世紀道瓊會到百萬點、蘋果股票很便宜……」，還常常和他對

做。多頭總司令一直加碼蘋果，也順便將道瓊指數拉上去。所以，現在該空還是多？葉倫說這輩子不會看金融海嘯，而柏南克說用QE可以解決金融危機。

可將三大指標用整年度或第四季的平均值，加減5％或10％，當成下個年度或下次操作區間，依自己的承受度和經驗值而定。若設定的操作區間被跌破或突破，先冷靜一陣子。如果是市場悲觀或樂觀氣氛所造成，這是短期現象，很快會回到區間內。如果政經局勢或基本面已經改變，則是另一個區間的開始，要重新設定新的區間，來回按表操課。

2018年12月份短短幾天跌掉4000點以上，呈現M頭趨勢。聖誕節後第一天12月26日強力上漲1086點，暫時化解進入空頭的危機。2019年初，美股再來震撼教育。1月3日因蘋果預期財報不佳，導致道瓊大跌660點；隔天1月4日因就業市場強勁和3位聯準會主席談話釋出鴿派言論，而大漲747點。股市緩漲急跌的特性，幾個月可能就毀掉持續買進3～5年的結果。道瓊指數早晚會漲過3萬點，當然也有機會跌破2萬點，所以操作區間也要適時調整。

如果以上這些都看不懂，就要用WOOP來加強專業知識。消極者或保守者，最好遠離投資市場，以策安全。若只是投資台股者，即使現在加權指數「暫時」跌破萬點，我個人對訊息的解讀，雖然短線比較不樂觀，中長期還是要偏多操作，而你也可以建立專屬於自己的操作邏輯。

# 用心智圖WOOP
# 達成願望

專業養成的過程是艱辛的，許多成功人士會對自己設定嚴格目標並加以實踐，但有時也會經歷漫漫長路，何以為繼的自我懷疑。企業管理有個心智圖WOOP，是很好用的指導原則，不論工作或投資理財都可循序而進，讓人不至迷失方向。

WOOP是四個英文字的縮寫：Wish願望、Outcome結果、Obstacle障礙，和Plan計畫。願望是有所有成就的起點，馬斯克喊出要把人類帶到火星，一開始聽起來像是狂人的瘋言瘋語，但市場是買單的。

人可以有無限大的夢想，但要有具體的策略與方法，才不會淪為空談。配合實踐的可能性，我們的願望是可以動態修正，WNGF這個小技巧可以幫助我們制定和修正成合理的願望。

WNGF也是四個英文字的縮寫：Winnable能贏的、Novel Challenges新挑戰、Goals設定目標、Feedback回饋。如何找到一件事情會讓自己義無反顧的熱情投入？答案是「先讓一切變有趣」。

# WOOP 運用在工作上

如何運用 WOOP 在工作上的細節和過程，可參考《做對四件事，不再當工作的奴隸！》這本書。

## 晉升主管

如果你期望事業要成功，希望和結果是「6 年內從職場菜鳥晉升為主管」，列出結果之後，回推來看要達成這希望，你會遇到的障礙是甚麼？你如何排除障礙，你的職涯成長計畫是甚麼？

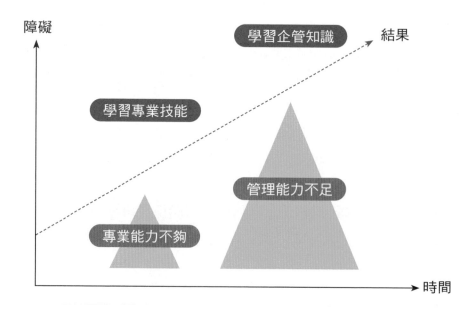

（吳家揚製圖）

初進職場，障礙通常是專業能力不足。這時排除障礙的方式就是補強職場生存技能，可以回學校或專業機構進修。1萬個小時的魔鬼訓練，大概也不能少，利用「迴圈式學習」可以大幅縮短上手的時間。一段時間或許6年後，基本的專業知識已具備，就要開始準備往管理階層移動，EMBA是一個好的學習管道。

過程中，WNGF的小技巧會扮演要角。將每個專案細切成可徹底實踐的子計畫，提前完成公司賦予的KPI。尋求職場先進和老闆的意見也很重要，避免走冤枉路而浪費大家時間和公司資源。努力工作一定要讓人看到，等能力提升後再要求負責更大的專案。

## 讓自己每年加薪12%

如果你期望個人財務要成功，希望和結果是「12年內每年加薪12%」，你會遇到的障礙是甚麼？有意識的替自己加值，本業薪資所得的成長沒有想像中困難。應用「72法則」在加薪上：如果你每年加薪的幅度12%，$72 \div 12 = 6$，6年後收入會變成原來的兩倍，要提早財富自由，每年加薪12%很重要。

社會新鮮人一開始年薪假設30萬，6年後變60萬，再6年變120萬，再6年變240萬。你也許會質疑，哪有可能從工作開始經歷18年後，年薪從30萬變240萬，公司也不可能年年調整薪水。所以，一年12%的薪資成長幅度就要靠自己去創造，最快的途徑是透過進修增強自己本業能力，清楚設定個人升遷目標，讓自己成為業內挖角搶手的人才。如果你是業務人員，不靠底薪而靠佣金過活，憑自己的努力還是有機會達到此目標，而不用常常換公司。

上述方法是增加有形資產的方法之一，除了有形資產外，累積個人無形資產也有加分的效果。無形資產就是「個人品牌」，常在雜誌媒體露出、經營FB、部落格或社群可以達到效果。如果本業薪水有限，找個自己有興趣的兼差副業，經營自己個人的品牌，也是可行的。

人生就是一場取捨，除極少數幸運兒之外，若要在工作上求表現，通常會犧牲家庭生活或身體健康，很難兼得。少即是多，要做出選擇，除非你是極高層人士或超級大老闆。

## WOOP運用在學習投資理財上

如果你希望和結果是「從5萬到500萬」，會遇到什麼樣的障礙？要擬定什麼樣的計畫？

目標計畫是可行嗎？首先要問多久時間可以達成目標，如果是要在1年之內，機率非常低。如果將時間拉長為10年，成功機率大增。但，具體方法可以怎麼做？

## 「如何學」和「到哪學」

現在資訊發達，許多管道可學習投資理財相關知識。投資只是理財領域的一環，有完整的理財概念，才能讓財富真正的生生不息。

投資理財專業能力的養成，提供個人的經驗供大家參考。我個

人偏好先有完整性的大架構，取得證照資格是建立架構比較省力的方法之一。當然自行摸索也可以，但是貿然就投入資金，跌跌撞撞嘗試錯誤會比較辛苦。所以我選擇先認識產品和相關知識，而取得證照是認識產品的附加物。

要考專業證照，例如期貨、信託、期信、證券高業、理財規劃、投信投顧、外幣、投資型、產險等等，可以上網或到書店購買相關的考試用書來研讀，大學教室、台大或可汗線上課程、社區大學、金研院、台北金融、證期會、各大金融保險公會和補習街，也有專業的課程可供進修。就算不從事相關工作，擁有這些專業知識也可以讓自己投資操作時，增加勝算。

其中除人身保險一定要在保險事業相關公司的推薦下才能報考外，其餘都可以自習而考取。比較特別的是，證券投資分析人員CSIA和國際認證高級理財規劃顧問CFP，需要有相關年資才能報考或認證。考上的這些證照，如果沒有附著在相關的金融機構下，證照就無用。雖然證照無用，但學得的專業知識是無價的。

約4年的時間，慢慢將基本專業知識建立起來，「順便」擁有十幾張專業證照。常到「真實的世界」聽投資理財講座：《經濟日報》、《今周刊》、《MONEY錢》雜誌、CFP理財顧問認證協會、金融研訓院、經濟部、金管會、磐安智慧財產教育基金會、各大金融保險公司、證券期貨投信等公司都會經常舉辦論壇或研討會和說明會，也是吸收知識與獲得訊息的管道。

相對「虛假的世界」，師傅喜歡以誇大不實的言論吸引和坑殺「誤闖叢林的小白兔」，不可不慎。因為你已經有基本功護體，有基本的判斷能力，知道每年投報率都可以超過10％以上且連續20年以上，就是世界級的操盤手。平常多看書，多看財報，多參加研討會

和投資論壇，有極大幫助。

## 運用WNGF小技巧

在EMBA課堂上，常會提到一個案例，就是「義大利麵難題」。團隊只能利用18分鐘，工具是：20條乾義大義麵，1公尺長的膠帶，1條線和1顆棉花糖。參加者必需用義大利麵條蓋出支撐棉花糖的東西，越高越好且不能有外力支撐。

結果是6歲幼兒園小朋友團隊打敗天下無敵手，包含EMBA高階經理人組成的團隊。小朋友有相關知識嗎？沒有。得勝的祕訣在於直接動手做，邊做邊學邊修正，但投資理財不應該如此隨性。

5萬元只是一筆不起眼的小錢，但巴菲特認為是一個億萬身價的起點。基本的專業知識具備之後，評估過相關的機會和風險，就可以開始「紙上模擬」。

你可以拿出5萬元投資價值型股票，經過幾個月模擬之後，可賺多少錢？如果用財報和技術分析找到成長型飆股，經過幾個月，又可賺多少錢？飆股的投報率顯然很厲害，像大立光和國巨。短時間獲利可觀，若跟得上趨勢，投報率更是不得了。如果股票可以獲利，再來玩玩衍生性金融商品，挑戰性也更大。

衍生性金融商品通常是建立在「現貨」的基礎，例如股票期權或指數期權就是建立在股票現貨的基礎上。股票現貨漲，股票期權或指數，「理論上」也要跟著漲。所以股票現貨都沒辦法贏的人，就不應該玩衍生性金融商品，這是良心的建議。

靠股票賺錢者約20%，期權賺錢者約8%，權證賺錢者的比率更

是低到離譜，但是很多人反過來做。

可以拿2萬元去模擬試玩小台指，直到有信心為止。指數期貨的風險極大，真實投入資金時，要注意有足夠的保證金。同樣的做法也可以運用在選擇權的操作。選擇權操作策略可以很複雜，也可以很簡單，和期貨一樣，賺錢快但輸得更快。

將1萬元拿去模擬試玩權證，如果幾週後權證漲到2萬元賣出，就是成功的起手式。連續模擬20次甚至百次之後，如果投資績效還不錯，就可以真實投入1萬元去小試身手。


## 讓投資賺錢變有趣

投資理財是一輩子的功課，近年來一些大師，如「債券天王」葛洛斯和「歐洲股神」安東尼波頓，因為績效太差而被請下神壇。投資要全贏一輩子，非常難。如果要讓自己義無反顧的熱情投入，就要讓投資這件事變有趣。

很多尋找飆股和技術分析的書，可用書中SOP的方法來驗證，看是否可以套用在自己身上。如果可以就發了，但實情通常是：「出書的人住帝寶，而買書的人住套房」。模擬之所以好玩，是將目標遊戲化，事後還有檢討的機會，可多試幾次。修正和回饋很重要，如果能得到一位無私且有口碑的老師指導，可以節省許多時間和機會成本。

我們進入投資市場是要賺錢而不是做功德的。投資賺錢很難，輸錢卻很容易。在學習專業知識後，還要不斷的模擬，等到有把握時再進場。投資賺到錢會很有趣，但一定要全力投入。

　　理論上，當有能力在投資市場上持續賺到錢，從此就可以過著好日子。若在衍生性金融商品超操作上都可以「穩定獲利」時，就可以悠遊人生了。

# 從專款專用開始

如何確保財務規劃會成功？這是很多人心中的疑慮，其實只要能抓到財務規劃的核心精髓徹底執行，想不成功都難。

進行財務規劃時，要先確定「目標」為何，再來談「可以投入的時間？」「可以投入多少錢？」「預期報酬率是多少？」把這些項目先想清楚。接下來就是根據預定目標，按步就班操作。

其中有一個因素說來容易，但很多人都敗在無法遵守而財務崩盤。這個KSF（關鍵成功因素Key Successful Factors）就是「專款專用」。也就是說，在財務目標未達標之前，絕不會動用這個帳戶的錢。理論上很簡單，實際上非常不簡單。一般人沒有這種觀念或無法徹底執行，難怪理財規劃常常是紙上談兵而已。

## 常見的理財規劃項目

常見的理財規劃項目：買房、子女教育基金、退休規劃、買車和遊學。不管哪個項目，越早執行越好也越省力。買車和遊學，金額若以數十萬到一百萬元為基礎點，只要嚴格執行「儲蓄」策略，很快就可以達標。

買房是人生的大事，在雙北的房子也要1000萬元起跳。一個子女教育基金從國內小學到大學畢業，如果還要到國外留學，也要1000萬元。退休規劃也至少要1000萬元做目標才能安心。隨便算都要好幾千萬，一定要有策略，一步一腳印才可能達標。

現代人晚婚晚生，甚至不婚不生的比例不少，常見「45歲」才開始思考規畫，買房可能還在繳房貸，身邊有一些積蓄。從65歲退休活到85歲，若再加上子女教育金，要在20年內只用「薪水」累積存到2000萬元，對小資族會有一定的難度。但若遇到中年失業，鐵定雪上加霜。無論如何，一定要勤做功課，善用理財工具達成財務目標。

## 要確定理財目標

### 例一：可以放20年以上的專戶

可以放20年以上「專款專用帳戶」的錢，建議以儲蓄險和股票基金為主。投入單筆300萬元金，投資報酬率以6％計，20年後變962萬元，24年後變1215萬元。但若擔心要用錢時剛好遇到金融危機，讓投資總資產價值大幅降低，又不想賤賣資產，最好買儲蓄險保單備用。

目前低利的環境，保單並不便宜。利變型美元保單是首選，6年保費共繳100萬元，20年後保單價值約有180萬元，就算匯率再差，至少應有150萬元。慢慢提領保單的解約金，也應該可以度過金融危機（以3年計算），讓投資標的回到應有的價值。

記得這筆投資的錢要一直放在帳戶內「複利滾存」，不能受任何

影響。保單錢繳完之後，也要擺個20年以上。如果這麼簡單的事情都做得到，本金400萬，就可達到20年後1000萬元的規劃目標。

所以20年以後才會用到的錢，不管甚麼名目，可完全比照「專戶」辦理。兩個項目就乘2，三個項目就乘3，輕鬆達標。


## 舉例二：可以放10年的專戶

10年後就要用到的錢，儲蓄險就不應該放進專戶內。儲蓄險若在10年內解約，投報率會比定存還差，這是一般人不會注意到的。這種情境下，以股票基金為主和部分現金定存，但股票基金的投資報酬率可以積極一些。

假設10年後小孩上國內大學和國外研究所，需要一筆600萬元的「教育基金專戶」：可投入單筆300萬元金，投資報酬率以8%計，10年後變648萬元。前提一樣是不能遇到金融危機，如果不幸遇到，屆時錢不夠出國讀書，會不會是遺憾？這時專戶內可能要有200萬元的定存備用。如果運氣好沒遇到金融危機，這200萬元就當自己的老本。


## 沒有單筆大資金，怎麼辦？

投資一開始就單筆進場，畢竟風險比較大。保守的人或沒大錢的小資族，可以將錢逐步放入專戶中。缺點是，這樣要多準備一些錢才能達到同樣的效果。投資要勤做功課，要關心標的，也要經得起誘惑。標的不要常換來換去，除非很清楚自己在做甚麼。保單或定存也可以慢慢存入專戶中。

# 如何確保專戶的錢不會動用

為確保專戶內的錢不會被動到，一定要有足夠的錢去應付所有生活開銷，包含房貸、生活費、養車、旅遊，還有失業甚至生重病。失業通常是非志願性的，生病也很無奈。

失業是一個大問題，對家庭經濟、家人的心理壓力和生活型態都會產生重大影響。知道即將失業時，無論如何，先不管面子問題，就是要拿到公司出具的「非自願離職證明文件」，至少可以申請政府「失業給付及職業訓練生活津貼」，暫時減輕生活上的財務壓力。

失業後，千萬不要意外創業。當中壯年50歲失業時，沒薪水沒工作，心情苦悶身體也出問題，一連串壞運跟著來。小孩的出國留學經費、未來的退休金、現在的一切開銷，光是想到這些問題，憂鬱症也上身。

有些人會去創業，要證明自己的能耐。如果不是：「財務或業務背景、很了解產業和有人脈的人」，我都建議不要輕易嘗試。

此外，醫療保險是另一個重大議題，主要是為了防止生活被改變。必要時，部分或全部支出由保險公司，彌補生活開銷和長照費用。「殘扶險、實支實付和意外險是標準配備」，每個人都要擁有。在負擔得起保費的前提下，多買一些保險。對於「來不及靠時間和複利長大的錢，不預期就會用到的大錢」就購買保險，將風險轉嫁給保險公司。

## 成功的理財規劃

　　如果有錢，平時就要做好妥善的安排，逆境來臨時，才不會動到專戶內的錢，讓專戶的錢繼續成長。或許你會認為，今天都過不去了，還想幾年後的事情，有意義嗎？的確，今天都過不去了，也不會有明天。當人在順境時，都不會想到逆境來臨時，還有多少錢可以過甚麼樣的生活，這就是需要做財務規劃的原因。

　　理財規劃「準時或提早」達到目標，才算成功。要定期檢查達成率，如果自己做不到，就需要專業人士幫忙。專業人士不是師傅，而是能幫你實現目標的老師。

　　如果發現投資報酬率比設定的低，就要：1.換標的；2.增資（本金變大但不容易）；3.將時間拉長；4.降低最後標準。要提早動作，1和2是比較好的作法，3和4是被迫的。年紀大時，時間不站在我們這一邊，不要淪為下流老人啊。

# 強化心理素質

什麼讓我們可以在投資市場真的賺到錢？經濟學者研究發現，真正主宰我們投資勝負的關鍵是「心理素質」。

心理素質如何操控我們呢？2017年諾貝爾經濟學獎得主塞勒、2013年諾貝爾經濟學獎得主席勒，都有專書研究行為金融，可以解釋金融風暴期間投資人的心態。

「行為財務學」是近年來的顯學，其中提到兩個重點，人們於投資時的「過度自信」和「損失規避」。過度自信就是大多數人都高估自己的能耐，以為自己很行。損失規避就是當手中「爛股票」價值陡降或是被套牢時，往往傾向不賣，讓虧損持續擴大，這兩種行為影響了投資最終的表現。

## 簡單測驗自己的投資屬性與心理素質

有個很簡單的測試方法測驗自己的心理素質，就是拿起撲克牌玩一個簡單的遊戲。拿出紅色撲克牌6張（1～6），黑色撲克牌4張（7～10）。規則如下表所示，結算最後剩餘投資結果。

## 假設原始投資金額為100萬元

| 投入次數 | 投入金額 | 押紅黑<br>賠率<br>1：1 | 開牌<br>1～6<br>（紅色機率60%） | 7～10<br>（黑色機率40%） | 投資結果 |
|---|---|---|---|---|---|
| 1 | 10萬元 | 紅 | ✓ | | 110萬元 |
| 2 | 10萬元 | 紅 | ✓ | | 120萬元 |
| 3 | 20萬元 | 紅 | | ✓ | 100萬元 |
| 4 | 20萬元 | 紅 | | ✓ | 80萬元 |
| 5 | 40萬元 | 黑 | | ✓ | 120萬元 |
| 6 | 20萬元 | 紅 | ✓ | | 140萬元 |
| 7 | 20萬元 | 黑 | | ✓ | 160萬元 |
| 8 | 20萬元 | 紅 | | ✓ | 140萬元 |
| 9 | 30萬元 | 紅 | | ✓ | 110萬元 |

## 假設一段時間後投資金額變為110萬元

| 投入次數 | 投入金額 | 押紅黑<br>賠率<br>100：1 | 開牌<br>1～6<br>（紅色機率60%） | 7～10<br>（黑色機率40%） | 投資結果 |
|---|---|---|---|---|---|
| 10 | 10萬元 | 紅 | ✓ | | 1110萬元 |

（吳家揚製表）

由表可知，投資者的投資屬性應屬保守，會將資金分十等分慢慢投入，先押勝率高的，有盈餘時再將盈餘拿部分出來投資，以保本為原則。心理素質亦健壯，讓自己能長期存活在投資市場中。當機會來臨時，或許再拿出部分盈餘來投資高風險和高槓桿的商品。押中一次賺大錢後，會將絕大部份資金移作他用，例如買房地產或買保單等等，將大部分的錢存下來。

要先訂好遊戲規則，但每次可以隨心所欲地變更「賠率、機率、次數、原始本金和每次投入金額」。多玩幾次，就可以更清楚知道自己的投資行為模式和心態。如果無法在這種簡單遊戲中獲利，就不該拿錢出來投資。如果可以獲利，恭喜你，再進一步進行紙上投資模擬。等到確定有把握了，再真正把錢投入市場。

遊戲中的賠率和機率，可想像成市場中的股票基金或是衍生性金融商品。我們要認識自己後，才加入投資市場。

## 工具與商品

有了強健的心理素質，再來認識一些投資工具和商品。這裡的工具指大類泛稱的投資項目，如股票、基金、保險、房地產、和「衍生性金融商品」等；而商品是指個別具體的項目，如台積電股票、貝萊德世礦基金、投資型年金險保單、帝寶、和「台指選擇權201809全10900CALL」等。

透過適當的工具、符合自己的操作邏輯和習慣，才能長久。適合別人的，不一定適合我們。在投入市場前，要對工具和操作手法很熟悉，才不會拿自己的錢開玩笑。

有「時間價值」到期日壓力的，可視為零和遊戲，常用的工具，例如當沖、期貨、選擇權（周權或月權）和權證等。個人的本事會隨著適合的工具而顯現出來，適合做長線的人，就不要做短線，反之亦然。心態要先調整好，不要做短線被套牢而變成長線投資，這樣毫無紀律，失敗率是很高的。如果要長短都做，最好先將資金配置做好。

• 當沖和極短線：以1分鐘K線、3分鐘K線、5分鐘K線等。以技術分析和消息面為主，不考慮財報和籌碼，藝高人膽大。

• 短線：以30分鐘K線、60分鐘K線、日線K線等。以技術分析和籌碼分析為主。

• 中長線：以日K線、月K線、季K線等、半年K線、年K線、十年K線等為主。考慮基本財報分析，產業分析和國際總經趨勢為判斷標準。

其中最特別的是權證，它是由券商發行，投資人的勝率極低。當然有投資權證而賺大錢的人，但畢竟是少數，且在某些時空背景下才能獲取「暴利」。一般人做不到，通常的下場是吃「歸零糕」。

坊間授課以「師傅的技術分析」為主（暱稱畫畫派），追求快速入門和獲利，伎倆是看壓力線和支撐線這兩條線。厲害的是，師傅總是能抓到第一根起漲點和起跌點。課程費用並不便宜，還會兼賣你軟體和利誘加入會員，而會員的實際操作績效，也是慘不忍睹。

當沖和極短線的交易成本太高，散戶只會賠錢，早晚也會退出市場，不建議。短線，講求爆發性，投資績效短期內大幅增加，要很有本事。股票或基金以中長線布局為主，選對標的，長期資產價值會穩健增長，適合大多數的投資人。

# 你有 30 年賺 100 倍的本事嗎？

據報導指出，若在 1991 年投入本金 95.5 萬元買進鴻海股票一張，到 2017 年 7 月 17 日股價 115.5 元，靠配股配息可以獲利 1536 萬元。簡單計算但不考慮購買手續費和交易稅：1536 萬＝133 張現股（115.5 元計），從 1 張經歷 26 年後變 133 張，每年複利率為 20.7％。意思是每年配股保留且配息全部加買股票，連續 26 年都不賣出，每年投報率為 20.7％。雖然實際數字可能有出入，可見複利之威力。

操盤績效可以達到「年化報酬率 20％以上且持續 20 年以上」，大師級人物大概只剩下巴菲特、索羅斯和彼得林區等少數人。但一般人做不到，為什麼呢？因為複利要與心魔相對抗，違反人性。如果做得到，毋庸置疑一定會成為有錢人。

我個人習慣賺 10％就跑，只在乎「曾經擁有」而不會和股票「天長地久」，偶有佳績賺一倍就了不起了。每個人的習慣不同，當股價漲 30％到 50％，一般人會停利。1 張變 30 張時（漲到 30 倍時），大概就賣股票去買房或買車了，複利效果也因此中斷，也不會有後來的 100 倍。所以，複利很難做到。尤其是股票基金，動動手指賣出，很快可以拿到一筆錢去做其他用途，輕易終止複利效果。

## 要將投資商品當成選美競賽

我們手邊的現金有貨幣和時間價值。但如果想投資，就要將錢變成「紙」或變成「電子憑證」，如受益憑證、股票、權證、有價證

券之類的。而現在數位化了，連紙都看不見。投資標的的價值由市場決定。當市場瘋狂時，價值變高；而當市場瘋狂殺出時，價值變低甚至變「壁紙」。

投資好比選美一樣，當候選人決定參賽時，自己已經交出主動權。候選人的美醜和內涵不會是由自己決定，而是由評審決定價值和排名。投資也一樣，錢變成紙或電子憑證，價值是由市場喊出來的，自己已經沒有主動權了。所以選美得名的（投資賺錢），就是評審（市場）看好的結果，當然偶而會有一些負面消息（內線或假財報）傳出。如果我們的判斷正確且符合市場趨勢，就會有好的結果。

所以，投資市場就是人吃人的市場，極為血腥。稍有不慎，就會淪為食物鏈最底層，「人為刀俎，我為魚肉」。

## 詐騙集團慣用的「二分法」手法

詐騙集團之所以可以橫行無阻而日久彌新，主要在於人性的貪婪心態。如果有個投資公司常發給你投資報告和預測，結果精準地連中10次。你會心動嗎？

實情是「機率」問題，無關投資能力。這個詐騙集團的伎倆是先收集或購買5萬人名單。每次投資報告不外乎就是看漲或看跌，一次出兩份報告寄給不同分類的投資人。例如，第一輪寄出兩份A商品的投資建議書：25000份給看漲的甲和25000份給看跌的乙。一段時間後，如果A商品上漲，乙的名單就廢棄不用，25000名的甲晉級第二輪。第二輪，再寄出兩份B商品的投資建議書：12500份給看漲

的丙和12500份給看跌的丁。一段時間後，結果B商品下跌，丙的名單就廢棄不用，12500名的丁晉級第三輪。如此重複10次，最後會有48位幸運兒（50000÷1024），會連續得到10次精準的投資預測報告。

第一次命中，甲可能會認為，那只是「運氣好」。第二次命中，丁可能會認為，那只是「好運氣」。但連續10次都命中呢？表示能力很強且有不為人知的Know-how？這時不心動都難。接下來，可能將畢生儲蓄或一大筆錢委託投資，這時公司就會破產或捲款潛逃。馬多夫龐氏騙局也算這種案例，一開始一定先讓人嚐到甜頭，於是人們會越投越多，最後下場悽慘無比。

## 嚴格控管資金和欲望

不要人云亦云，很多人會聽信流言而衝動投入，是非常危險的作法。不熟悉的不要投入，認識的人甚至不認識的人推薦的都不要投。除非自己已經做過研究，有一定的把握度。

心理素質是投資勝負的關鍵要素，也可以抗拒誘惑。如果沒有強健的心理素質，即使非常了解投資工具或商品，如學者專家們，一樣會賠大錢。投入市場也要嚴格控管資金。當獲利大幅超越預期，處於投資順境時，要控制自己的欲望。此時不需要大幅擴充投入金額，甚至身家都Show Hand，完全沒必要這麼做。投資以穩穩賺，長期持續獲利為原則。

# 用目標管理SMART
# 讓投資變簡單

有人來尋求理財上的建議，聊完之後發現並不樂觀，欲望太多而錢財太少是主要原因。而錢財太少，通常包括「投資失利」和「家庭因素」。投資部分可以藉著觀念調整和正確學習，讓自己逐漸脫離泥沼而重生，但家庭因素可就要循溝通管道了。

## 先釐清目標

目標管理的SMART是很好用的工具：Specific（明確）、Measurable（可量測）、Achievable（可達成）、Relevant（相關）、Time bound（一定時間內）。將我們的理財目標放進這個架構內思考，才不會天馬行空、永遠達不到目的地。

不管幾歲下定決心投資，也不管起始投資金額有多少，正確的心態都不可少。先了解自己可承受的風險度，要設定目標，然後根據SMART來執行。

如果目標是存下500萬，我們來看看幾個可能的方法：

1. 一夕致富顯然要「中樂透」或「遇到重大事件」，例如2008年金融海嘯或2018年2月6日期權事件且「做對方向」者，才能在極短時間達到百倍的目標，顯然機率很低且只有極少數人可以做到。

2. 用20年的時間，每個月定期定額投資5000元，投資年化報酬率12%的商品。

$$PV = 0，PMT = -5000，n = 12 \times 20 = 240，r = 12\% \div 12 = 1\% \Rightarrow FV = 4946277 元。$$

這種方法顯然更適合多數人且簡單易懂，但20年「專款專用」不得挪用其他用途，否則複利效果會被中斷。如果隨著收入增加，可以投入更多的本金，則目標年限也可以縮短。「別人貪婪時我定期定額，別人恐懼時，我單筆加碼或不定期不定額」，有機會大幅提高獲利率，而提早實現目標。

3. 本金只投資5萬，20年後可能變500萬嗎？

$$PV = -5，FV = 500，n = 20，PMT = 0 \Rightarrow r = 26\%。$$

連續複利20年，每年26%投報率。顯然必須有超高的能耐，已經是大師級人物了，機率應該比被雷打到還低吧。

4. 投資衍生性金融商品，高風險、高報酬。大概只能當投資組合資金的一小部分，比較安心。通常要盯盤，不適合「業餘」投資者。若有能力成為勝者且穩定獲利，可以大幅縮短致富時間。

5. 大家比較忽略的是本業能力的提升。薪資所得每月進帳，

風險由老闆承擔，上班族的風險很低。如果能創造公司額外價值且幫股東賺大錢，讓自己大幅加薪或分紅配股，更能提早達到財富目標。

大多數人的目標設定只是憑感覺且不實際，也不用SMART的方法來追蹤管理。以上例子，以第2點比較符合SMART的精神，如果第5點再加上一句話「工作10年，不投資，存下500萬」，就符合了。

## 建立投資能耐

投資看起來不是很難，但要有紀律和方法，學習是必要的。如果要投資股票，基本的財報分析一定要懂，除了可以避開地雷公司外，也可增加找到「績優飆股」如台積電等股票的機率。張忠謀董事長曾說，台積電成立30年來，替股東創造100倍的報酬，哇！要投資下一家台積電，一樣要從財報找起。

投資可以增加被動收入，也可以變成主動收入，視能力而定。我們必須付出許多時間和學費來學習。如果要在市場長久賺錢，不要提早畢業（賠光本金）或被迫退出（破產），要賺取合理甚至超額利潤，更是要戒慎恐懼的學習與投入，尤其是衍生性金融商品。

天才如牛頓和愛因斯坦等人都在股市賠過大錢，投資賺錢能力和聰明才智學經歷沒有絕對關係。我們要了解投資市場的遊戲規則和風險，也要了解投資心理學，這絕對不是一、兩天就可以學完的，要有終身學習的心理準備。

上班族要保住飯碗，一定要在工作的本職學能上不斷加強和精進自己的技能，才能避免被淘汰。投資也要大量投入時間和精力，但一般人就是搞不懂這個道理，以為投資賺錢很簡單。不管各行各業，賺錢從來都不是一件容易的事。

投資賺到錢之後，有小部分的錢可以拿來「投機」而購買衍生性金融商品。就像買一個「保本型」結構性商品一樣（本金100元買入）：買一張零息公債（95元買入，到期還本100元）加上買進選擇權買權（5元買入，風險小報酬高。最多損失5元權利金但獲利無上限），到期至少拿回本金（100元，頂多損失機會成本或利息收入）。投機的錢以「選擇權買方」為主，可將風險控制在最小範圍。時間一拉長，可以讓我們賺錢的速度更快一些。

## 學習無上限

市場就是最好的老師，也是偉大的老師。不要和市場對作，要順勢而為。不懂的就去學，最怕自得意滿，以為自己很厲害，其實投資賺錢只是運氣好。少數人從此辭去工作，變成專業投資人。變成專業投資人後，因為本業薪資也沒了，當市場下跌套牢需要加碼時，沒錢；這時又有一大堆固定開銷要付，也沒錢，生活壓力可想而知。所以，很多「專業投資人」就出來開投資課程賺生活費了。

坊間師傅很多，大肆吹噓自己的厲害：「交易無成本、無風險、高獲利、無腦投資術」之類的招生廣告橫行，這種人完全不懂風險也不看財報，或許也看不懂財報吧。當他們的學生要特別小心，避免破財又學到不正確的做法和觀念。師傅中，素人也不少，如果是

用「名師養成速成班」訓練出來的，也要小心。

　　投資是要賺錢的，拜師學藝無可厚非，只要找到適合自己的方法都行，不必拘泥於門派。了解自己、投資自己，利用SMART技巧，資產從3萬到3000萬以上，42歲前退休是具體可行的。

# 越窮越要投資，
# 每月5000元開始滾雪球

「**錢** 從哪裡來？如何變大？」
如果在收入和儲蓄有限的情況下，投資是唯一途徑，但如何在最短時間獲取大投資利益？

投資房地產需要「一大筆自備款且每月固定大筆支出」，等以後有錢再說吧。

國人最愛的銀行定期儲蓄存款利率太低，無法抗通膨。另一個最愛的是購買蓄儲險保單，因近年發行的儲蓄險保單，IRR（內部報酬率internal rate of return，真正的投資報酬率）小於2%，並不適合小資族累積財富。

用刪除法來看，一般人常用的理財工具就剩下：股票、基金、衍生性金融商品和股權投資。

## 複利效應

圓夢方程式：「財富＝本金 × 投報率 × 時間」。但努力找高投報率的工具，似乎就是一個大的挑戰。

如果專款專用，認真找到一個投報率高但風險低的商品，一段時間之後，財富水平會差很多，這就是複利效應，也是巴菲特的「雪球效應」。「雪球效應」說找到一個長長的坡道（n）和濕濕的雪（r），持續不斷的投入（PMT和PV），就可以產出驚人的財富（FV）。

我們來看如何滾出財富，這裡的n是年期、r是投報率、PMT是投入的年金金額、PV是現在投入的金額、FV是將來產出的金額，投入和產出會是相反的符號。

| n | PMT | PV | r | FV1 |
|---|---|---|---|---|
| 5 | -6000 | 0 | 5 | 331538 |
| 10 | -6000 | 0 | 5 | 754674 |
| 15 | -6000 | 0 | 5 | 1294714 |
| 20 | -6000 | 0 | 5 | 1983957 |
| 25 | -6000 | 0 | 5 | 2863626 |
| 30 | -6000 | 0 | 5 | 3986331 |
| 35 | -6000 | 0 | 5 | 5419218 |
| 40 | -6000 | 0 | 5 | 7247986 |

| n | PMT | PV | r | FV2 |
|---|---|---|---|---|
| 5 | -6000 | 0 | 10 | 366306 |
| 10 | -6000 | 0 | 10 | 956245 |
| 15 | -6000 | 0 | 10 | 1906349 |
| 20 | -6000 | 0 | 10 | 3436500 |
| 25 | -6000 | 0 | 10 | 5900824 |
| 30 | -6000 | 0 | 10 | 9869641 |
| 35 | -6000 | 0 | 10 | 16261462 |
| 40 | -6000 | 0 | 10 | 26555553 |

| n | PMT | PV | r | FV3 |
|---|---|---|---|---|
| 5 | -6000 | 0 | 20 | 446496 |
| 10 | -6000 | 0 | 20 | 1557521 |
| 15 | -6000 | 0 | 20 | 4322106 |
| 20 | -6000 | 0 | 20 | 11201280 |
| 25 | -6000 | 0 | 20 | 28318865 |
| 30 | -6000 | 0 | 20 | 70912894 |
| 35 | -6000 | 0 | 20 | 176900469 |
| 40 | -6000 | 0 | 20 | 440631470 |

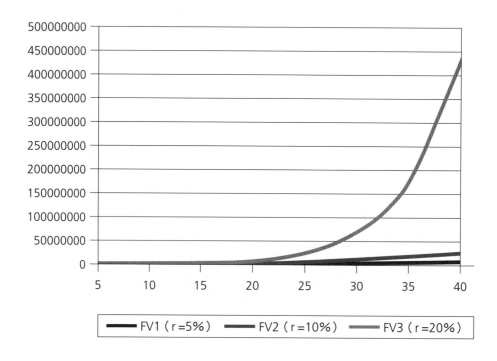

（複利趨勢圖，吳家揚製圖）

# 先了解風險

　　衍生性金融商品的報酬率高，但風險也極高。衍生性金融商品常見的工具就是VIX、期貨、選擇權和權證，而連結的標的是外匯、股票、指數或原物料等等。

　　衍生性金融商品之所以報酬率高，是因為槓桿大，從10倍到500倍都有可能。如果看對趨勢，以小搏大，可以很快建立第一桶金。但如果看錯，因為槓桿大，很快就會輸光本金或破產。

　　簡單來說，10倍槓桿的意思是，拿出本金1元去買10元的商品，先不考慮其他成本。如果商品從10元漲到12元，你賺200%

〔（12-10）÷1×100％〕，短期有機會獲利數倍。如果商品從10元跌到8元，則賠200％〔（8-10）÷1×100％〕，連本金都不夠賠，輸光或破產。

但實際的交易世界遠比這個複雜。有時間效應要轉倉（將手中的近期期貨轉為遠期期貨的作法）、要先繳保證金、有個人信評問題、還要了解保證金制度SPAN（保證金計算系統Standard Portfolio Analysis of Risk，估算投資組合的整戶風險）。即使你看對趨勢，但投資組合中有一顆老鼠屎，也可能壞了整鍋粥。許多人遇到一次大事件就GG了，就是不了解風險的緣故。

槓桿大，可以忍受的波動小，也可能瞬間破產，例如外匯保證金交易。2015年1月15日，瑞士央行突然宣布取消自2011年9月以來，一直維持著的歐元兌瑞郎匯價1.20下限措施，導致市場出現了1970年代以來最大的震盪。當瑞士政府宣布瑞朗與歐元脫鉤，造成瑞朗大漲而歐元大貶，許多公司瞬間從地球上破產消失。

股票槓桿不大，正常情況下，風險遠小於衍生性金融商品，通常也沒有到期日。融資（本金40％）的槓桿2.5倍、融券（本金90％）的槓桿更低，而基金就是本金投入。除非看錯趨勢賠錢，也是自找的，否則「瞬間」賠到傾家蕩產的機率不高。所以風險降低許多，當然投報率也會下降。

另外，還有一種叫「股權投資」的，主要投資在IPO之前或公司早期階段，也是當未上市櫃公司股東的一種方式。這種公司資訊完全不透明，因此風險極高，評估的專業能力也要夠強。未上市櫃公司股票因為資訊不對稱，透明度不高且流動性低，風險大。但如果成功上市櫃，投報率20倍以上是可能的。

## 再求投報率

台灣績優龍頭股票的年化報酬率，長期持有可到10％以上。美股道瓊指數可達15％，波克夏B股可達18％。有題材的基金，短期有機會達20％以上。有題材的飆股，短線更具爆發力。但賺最快且風險最高的，還是衍生性金融商品。

有些股票有穩定的價格區間，2年內漲個50％以上的股票也不少，都需要做功課將這些「好股票」找出來。如果找出值得投資的商品，例如未上市櫃股票，投報率更高，可以縮短致富的時間。

主動型基金的費用相當高，除非經理人績效極佳，否則建議以被動型基金ETF為主。另外，月配息的高收益債，也是退休族群可以參考的投資標的。

如果財富有一定規模，投資要以「資產配置」的角度來進行。但小資族顯然要「集中火力」，找到好股票或基金投資才行。

## 有一好沒兩好？

真的有報酬率高而風險低的投資商品嗎？我們常常會自問自答，應該沒有才對？如果將投資標的放到海外去，相同的東西例如儲蓄險保單，投報率就不同。又例如股票基金或ETF，海外的公司規模更大，風險可能更小一些。

衍生性金融商品的風險可控制嗎？當然可以，只要「不使用槓桿」。這樣操作就和買一般商品沒有太大差異，只是本金需要「極

大」才能。但會同步降低投資風險和獲利機會，也可以省下不少交易成本和稅金。

每種投資工具都有優缺點，了解和接受之後再投入本金和時間。了解風險之後，再研究報酬率。可以賺到錢的都是好工具，不用糾結於任何商品。當好公司的股東不一定會讓你賺到錢，反之，當爛公司的股東，也可能大賺。

# 財富目標500萬

曾經有人投資權證，讓本金8萬在四年內變成1000萬（年化報酬率234％），另一人讓本金10萬在七個月變成1000萬（年化報酬率268170％）。全台灣就這兩人而已，其他的人或許未曝光而不為人知。但後者也不可能以這種投報率持續20年來增加資產，否則應該是全球首富了。

如果選擇商品的能力很強，運氣也夠好，就可以透過投資來賺得額外的財富。

上班族不容易一次拿出一大筆錢來投資，舉例目標是500萬元：每月定期定額5000元，找到12％的商品，持續投入20年，持續複利20年，20年後就有495萬元。或定期定額每年拿出6萬元，找到10％的商品，持續複利24年。24年後就有531萬元；找到20％的商品，持續複利16年，16年後就有525萬元。

要知道，複利是一個指數方程式，之前累積效果慢，要有耐心，長期一定會有豐富的回報。

所以從6萬到500萬，快則一天（利用衍生性金融商品且運氣

好遇到大行情），慢則24年（正常人），但有些方法可以進到10年內。保持學習和保持樂觀，是在投資市場生存的不二法則。

# 第二部

# 挪出時間，
# 評估風險

# 最大的風險是什麼都不做，要勇敢投資

小確幸的生活在網路上喊的漫天嘎響，但真想過「一簞食、一瓢飲」的人，恐怕是少之又少。有錢不是萬能，但沒錢萬萬不能。富貴險中求，不是自我欺瞞的口頭禪，而是你我在累積財富過程中，或多或少都要承擔風險。當小資族變成有錢人的過程，投資通常扮演關鍵角色。

為何要冒風險做投資？簡單來說，如果你的財富增長的機率，大於銀行定存和通膨，且投資屬性屬於保守者，就不用投資。但如果不是，不投資就會蝕掉老本。

可以這樣說，平凡的我們沒有不理財、不投資的好命。但通常變成有錢人後，就可以比較保守，會將大部分辛苦冒風險投資賺來的財富，穩穩守在房地產或保險等地方。

## 圓夢方程式

台灣薪資水平倒退20年，剛就業時起薪低是常態，但工作一段時間之後，似乎很容易達到上限，而房屋和物價上漲的速度，又快

過調薪的幅度。從媒體上呈現出來的景象，感覺上好像要過個像樣的生活或買個房子，都成妄想？所有的社會保險也會破產，似乎人生就卡住了，這是悲觀人的看法。每個時代都有好機會，只要多吸收理財知識且做出正確的決策，人生依然會是美好的，認識圓夢三要素就是個開始。

> 圓夢方程式：財富＝本金×投報率×時間

如果財富足夠，過著還不錯的退休生活，我相信絕大多數的人都想早點退休。而一但工作年資縮短，則退休前的儲蓄量必須夠大。

如果本金可以放多一點呢？那最好。時間可以縮短，也可以不用冒太大的風險。但一般人財富水平不高，要拿出大筆本金簡直是強人所難。時間是好朋友，也是最大的敵人。如果時間夠長，也確定能夠專款專用不會遭挪用，在低利環境下，就應該好好學習投資增加投報率。多數人的期望，是希望藉由投資得利，而達到財富增長的目的。

## 本金從可支配所得而來

> 可支配所得＝所得收入總計－非消費支出＝消費＋儲蓄

行政院主計處定義可支配所得為所有所得收入扣除非消費性支出（例：利息、社會保險保費、稅金、罰款、捐款及禮金等）後，

剩餘可以用來支應日常生活開銷（消費性支出）的所得。

　　雖然個人每年可支配所得中位數逐漸提高，但考慮近年來物價和房價上漲的速度，想在雙北比較熱鬧的區域買個「1000萬好宅」，還是相當辛苦，結餘更是有限。中位數的人過日子已經很辛苦且沒有積蓄了，低於中位數的人，怎麼辦？

| 年別 | 總平均 | 年增長率 | 年別 | 總平均 | 年增長率 |
|---|---|---|---|---|---|
| 85 | 179,669 |  | 96 | 230,122 | 2.2 % |
| 86 | 190,899 | 6.3 % | 97 | 227,756 | −1.0 % |
| 87 | 195,227 | 2.3 % | 98 | 225,056 | −1.2 % |
| 88 | 206,589 | 5.8 % | 99 | 231,975 | 3.1 % |
| 89 | 207,552 | 0.5 % | 100 | 233,527 | 0.7 % |
| 90 | 200,685 | −3.3 % | 101 | 243,131 | 4.1 % |
| 91 | 198,621 | −1.0 % | 102 | 250,308 | 3.0 % |
| 92 | 208,253 | 4.8 % | 103 | 259,926 | 3.8 % |
| 93 | 213,633 | 2.6 % | 104 | 266,490 | 2.5 % |
| 94 | 218,949 | 2.5 % | 105 | 276,981 | 3.9 % |
| 95 | 225,061 | 2.8 % | 106 | 284,228 | 2.6 % |

## 每人可支配所得中位數總平均

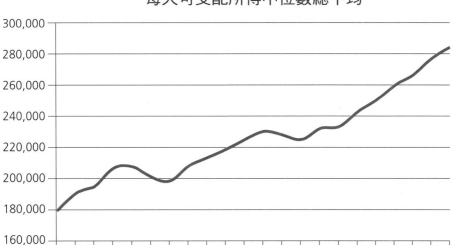

（資料來源：https://www.stat.gov.tw/ct.asp?xItem=40875&ctNode=511&mp=4，吳家揚整理）

# 長期利率趨勢下滑

以台銀每年8月21日，定期儲蓄存款牌告利率為例：

銀行的利率和10年期公債殖利率有密不可分的關係。以台灣10年期公債殖利率為例，數十年下來，利率一路走低，近十年在1.7%以下，現在只剩0.89%。只要10年期公債殖利率不回升，銀行利率似乎也拉不起來。

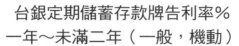

## 台銀定期儲蓄存款牌告利率％
## 一年～未滿二年（一般，機動）

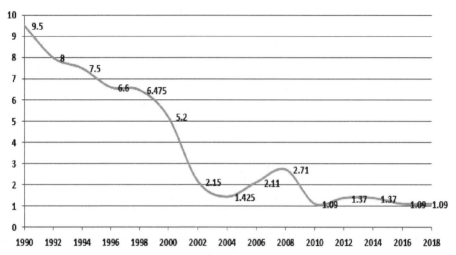

（資料來源：http://rate.bot.com.tw/twd，吳家揚整理）

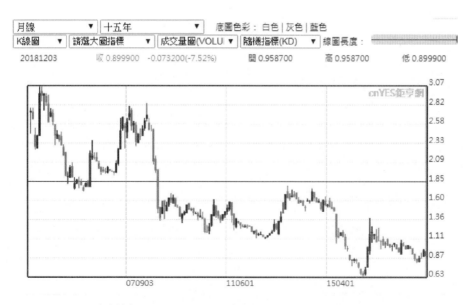

（資料來源：https://www.cnyes.com/futures/html5chart/TWBOND10Y.html）

## 資源有限但欲望無窮

　　以1000萬本金為例，每年利息的收入：1990年還有95萬元的利息收入，但現在只剩10.9萬元。如果覺得每個月至少要有5萬的「被動收入」，就要想辦法創造出來。

### 本金1000萬的利息收入

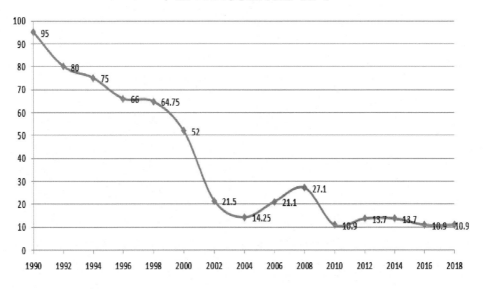

（吳家揚製圖）

最近十五年消費者物價指數年增率圖示：

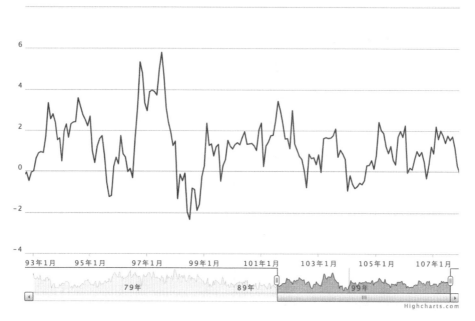

（資料來源：https://www.stat.gov.tw/point.asp?index=2，更新日期2018年12月12日）

消費者物價指數年增率，近15年主要落在0～2％。最重要的民生項目「食物」，在幾年前油電雙漲後，平均年漲幅更是大於3％，意思是：「最大的風險是甚麼都不做，將錢放在銀行體系中。」銀行的利息低於通膨速度，長期會有購買力風險，吃東西也只能吃七分飽，所以不該將錢放在銀行體系內。

在很少的可支配所得之外，如果還要滿足無窮無盡的欲望，大概就只剩下投資這個選項了。只要找到投報率是站在我們這方的商品，才有機會反敗為勝。

# 低利環境下，借錢才是贏家

有錢人之所以有錢，是因為他們熱中於學習理財知識，也會委託專業人士替他們照顧資產。有錢人通常信用也很好，可以從銀行借出低利率的大筆金額；有特殊關係的人更是信用非常非常良好，甚至不需要任何擔保品。

有錢人不需要冒太大的風險，只要固定收益就可，因為他們的「本金極大」。去銀行搬借一、兩個億或5000萬（利率小於1.8％，甚至更低），放在固定收益的商品，例如儲蓄險保單（台灣或海外儲蓄險保單3％～5％），對有錢人也就夠了。長期而言幾乎沒風險，穩穩套利。

我們就沒這麼幸運了。要借錢可以，一切照規定，至少要拿出擔保品（不動產和保人負連帶責任）。每個人的信用評等不同，所以利率和貸款金額也不同。我們從銀行借出「一小筆錢」後，就應該找到更大的投報率商品，當然也要冒更大的風險。

## 風險是可以衡量的

風險是可以量化和衡量的，投資全球化的今天，要先知道投資風險有多大。例如要投資政府公債或公司債或基金，信用評等是一個很好的指標。資本市場上的信用評估機構，對國家、銀行、證券公司、基金、債券及上市公司進行信用評級，如標準普爾（Standard & Poor's）。標準普爾評等分投資等級（AAA、AA、

A、BBB）和非投資等級（BB、B、CCC、CC、C、D）。非投資等級的投報率高但違約率也高，正是「高風險、高報酬」的寫照。例如：國家信評AAA（瑞士、瑞典、新加坡）、AA＋（美國）、AA-（台灣）。將投資標的放在風險低的國家或標的，至少比較安心，當然獲利率可能也比較低。（資料來源：https://zh.wikipedia.org/wiki/%E5%90%84%E5%9C%8B%E4%BF%A1%E7%94%A8%E8%A9%95%E7%B4%9A%E5%88%97%E8%A1%A8）

## 現在適合買甚麼？

2017年總經學家依據「1997年到2016年的通膨率和產能利用率」，做出的「經濟景氣循環圖」來預測未來的經濟走勢：從2008年金融海嘯後，世界經濟走一個漫長的L型復甦，最快2020年，最慢2023年，會終結「新中性（經濟成長中低速和利率長期低水準）」這個循環，然後進入十年的榮景。所以未來投資標的應聚焦在「亞洲中產階級崛起、美國消費、歐美日銀髮富人」三大區塊，比較有勝算。

若擔心波動太大，資產配置可以降低風險，也有可能會降低獲利。將財富分散在不同的籃子中會比較安全，例如美元、原物料、股票、債券和REITs（不動產證券化Real-estate Investment Trust Security）等。因為不同標的會有不同的景氣循環週期，每年獲利表現也不同。藉由資產配置和調整比重，可以有效降低波動率，長期持有，財富還是會持續累積。

如果年化投報率要5％且風險不能太高的標的，投資股票最簡

單。但股票畢竟會有波動，所以一定要長期持有。長期持有的好處是降低交易成本，配息還可以再投入，達到複利效果。但投資收益要大於10％以上，風險就會快速升高。題材型基金、邪惡基金、強勢股或成長型股票，都可以考慮。

投資「大到不能倒」的世界級公司，也是一個很好的選擇，例如選定全球前500大企業，如台積電等。除看信用評等外，投資股票主要以公司基本面和未來性為依據。這樣，也可以限縮投資股票的範圍。

基金有警語，大家朗朗上口，到處都可以看到。但股票或衍生性金融商品呢？幾乎沒有，必須自己做功課或遇到了，才會徹底了解風險所造成的傷害。看不懂的商品就不要碰，不要因人情購買壓力而屈服。如果有找到適合的海外商品，千萬要親自飛國外一趟去見證，徹底了解風險後才下手。

# 目前儲蓄險保單，
# 不利小資族累積財富

保單既能存錢又能有保險功能？」這是常見的儲蓄險保單迷思。但是單純的儲蓄險並沒有保障或壽險的功能，想要一魚多吃者要謹慎研究，清楚知道自己所買的保單到底有哪些內容。

過去的儲蓄險預定利率高，長期持有，因為保本和優於定存利率，大受保守型投資者歡迎。但是因為市場利率不斷下降，現在的儲蓄險的 IRR 已經很低了。

目前市面上的儲蓄險，保險公司為降低發行成本，推出「利率變動型」保單，分別有「還本型終身壽險」、「增額型終身壽險」、「還本利率變動型終身壽險」、「增額利率變動型終身壽險」等四大類。這四大類儲蓄險各自有不同的計價幣別和繳費期限。

平平是儲蓄險，內容卻不盡相同，一樣買儲蓄險，選擇不同命運也大不相同，購買之前要一定先做功課，才能達到最佳效益。

# 購買儲蓄險之前，先弄清楚三個提問

## 提問一：我買儲蓄險的目的是什麼？

「目的為何？」這個問題就像地基之於房屋一樣重要，反而常常被忽略。如果購買保單是為了幫業務朋友衝業績，但不知為何而買？建議你直接請對方吃飯就好，繳費是6年或20年的事，買錯保單對你的整體理財規劃會受影響。

一旦購買保單的目的被輕忽，沒辦法符合個人需求，往往在辛苦一場之後，竟發現白忙一場。純儲蓄險，就是存錢的工具而已。儲蓄三大目的：保本、生息和抗通膨。如果欲強迫自己儲蓄，買儲蓄險是不錯的方式。但如果是想要賺取高利潤、存創業基金、或短期內需要動用到資金，那就不適合。

## 提問二：我的錢可以放多久？

可以放20年以上的錢才放入保險公司。以繳費6年、台幣傳統型保單、預定利率2.25％為例，6年內解約一定賠錢；滿6年解約可拿回所繳保費外加少許利息；滿10年解約拿回本利才相當於定存效果（以利率1.2％計算）。現在多數的傳統型台幣儲蓄險預定利率常低於2.0％，儲蓄效果差。

如果資金在10年之內會動用，就不該買儲蓄險。不要讓業務員幫你盤算第幾年解約較划算，這樣只對他有利，對你不一定有利。

提問三：我有多少閒置的資金？

儲蓄險長期持有可保本、保息。在資產配置時是規避風險的工具，應以「專款專用」目的為主。不能影響生活，要確定自己的經濟能力，能如期繳納保費。

不要做超過能力所及之事，如果沒有辦法繳完保費，之後無論減額繳清或解約，通常都會賠錢，小資族下手前要三思。

# 如何評價儲蓄險保單

儲蓄險評估有三大要素：所繳保費、累計領回金額及解約金，可以計算出「解約報酬率」。個人研究出一套儲蓄險保單評價的「說法」，依照下列三步驟可以自行分析保單。這雖然不是標準的IRR計算方式，但簡單易懂，知道要不要繼續擁有這張儲蓄險。

儲蓄險保單評價公式：

1. 解約報酬率＝（累計領回＋年度末解約金）÷總繳保費。
2. 查表得出解約報酬率＝2的年度。
3. 用72法則（就是將72當作分子，報酬率當作分母，得到的結果就是「本金翻倍需要的年數」）求解年化報酬率。

以下舉三個實例，做為保單評價解析。

### 例一：保單A

舉例民國86年買的「台幣還本終身壽險」A保單：年繳保費205440元，繳期10年，預定利率6.5％，含壽險保障200萬，現在每三年領生存金30萬，保單到2037年終止。

查表解約報酬率＝2的年度為28，依72法則：72÷28＝2.57。此保單若28年後解約，每年「投報率」約為2.57％複利。

| 年度 | 開始 | 保費<br>（yearly） | 保費<br>（totally） | 累積<br>領回 | 年度<br>保單 | 年度末<br>生存、<br>期滿<br>保證金 | 年度末<br>解約金 | 身故 | 解約<br>報酬率<br>（％） |
|---|---|---|---|---|---|---|---|---|---|
| 2017 | 860505 | close | 2054400 | 1500000 | 20 | 0 | 1765640 | 2000000 | 158.96 |
| 2018 | 860505 | close | 2054400 | 1800000 | 21 | 300000 | 1577680 | 2000000 | 164.41 |
| 2019 | 860505 | close | 2054400 | 1800000 | 22 | 0 | 1677380 | 2000000 | 169.26 |
| 2020 | 860505 | close | 2054400 | 1800000 | 23 | 0 | 1783380 | 2000000 | 174.42 |
| 2021 | 860505 | close | 2054400 | 2100000 | 24 | 300000 | 1596140 | 2000000 | 179.91 |
| 2022 | 860505 | close | 2054400 | 2100000 | 25 | 0 | 1696580 | 2000000 | 184.80 |
| 2023 | 860505 | close | 2054400 | 2100000 | 26 | 0 | 1803300 | 2000000 | 190.00 |
| 2024 | 860505 | close | 2054400 | 2400000 | 27 | 300000 | 1616780 | 2000000 | 195.52 |
| 2025 | 860505 | close | 2054400 | 2400000 | 28 | 0 | 1717880 | 2000000 | 200.44 |
| 2026 | 860505 | close | 2054400 | 2400000 | 29 | 0 | 1825240 | 2000000 | 205.67 |
| 2027 | 860505 | close | 2054400 | 2700000 | 30 | 300000 | 1639320 | 2000000 | 211.22 |
| 2028 | 860505 | close | 2054400 | 2700000 | 31 | 0 | 1740980 | 2000000 | 216.17 |
| 2029 | 860505 | close | 2054400 | 2700000 | 32 | 0 | 1848880 | 2000000 | 221.42 |
| 2030 | 860505 | close | 2054400 | 3000000 | 33 | 300000 | 1663440 | 2000000 | 227.00 |
| 2031 | 860505 | close | 2054400 | 3000000 | 40 | ? | 1818220 | 2000000 | |

（A保單評價，吳家揚整理）

例二：保單B

舉例民國101年買的「外幣增額終身壽險」B保單，是標準的儲蓄險：年繳保費3893美元，繳期六年，預定利率3.25％，保單到民國201年終止。

查表解約報酬率＝2的年度為約為24，依72法則：72÷24＝3，此保單24年後解約，每年投報率約為3％複利。得知不領回生存金的保單B，複利效果比A強許多，即使預定利率較差。

| 年度 | 開始 | 保費（yearly） | 保費（totally） | 累積領回 | 年度保單 | 年度末生存、期滿保證金 | 年度末解約金 | 身故 | 解約報酬率（％） |
|---|---|---|---|---|---|---|---|---|---|
| 101 | 1011226 | 3893 | 3893 | 0 | 1 | 0 | 1799 | 3972 | 46.21 |
| 104 | 1011226 | 3893 | 15572 | 0 | 4 | 0 | 11690 | 15888 | 75.07 |
| 105 | 1011226 | 3893 | 19465 | 0 | 5 | 0 | 15221 | 19860 | 78.20 |
| 106 | 1011226 | 3893 | 23358 | 0 | 6 | 0 | 25040 | 23832 | 107.20 |
| 107 | 1011226 | close | 23358 | 0 | 7 | 0 | 26045 | 30000 | 111.50 |
| 116 | 1011226 | close | 23358 | 0 | 16 | 0 | 35428 | 48800 | 151.67 |
| 120 | 1011226 | close | 23358 | 0 | 20 | 0 | 40588 | 58000 | 173.76 |
| 121 | 1011226 | close | 23358 | 0 | 21 | 0 | 41988 | 60400 | 179.76 |
| 122 | 1011226 | close | 23358 | 0 | 22 | 0 | 43434 | 62800 | 185.95 |
| 123 | 1011226 | close | 23358 | 0 | 23 | 0 | 44929 | 65200 | 192.35 |
| 124 | 1011226 | close | 23358 | 0 | 24 | 0 | 46472 | 67600 | 198.96 |
| 125 | 1011226 | close | 23358 | 0 | 25 | 0 | 48066 | 70200 | 205.78 |
| 126 | 1011226 | close | 23358 | 0 | 26 | 0 | 49711 | 72800 | 212.82 |
| 127 | 1011226 | close | 23358 | 0 | 27 | 0 | 51499 | 78400 | 220.09 |
| 201 | 1011226 | close | 23358 | 0 | 101 | 0 | 359000 | 359000 | 1536.95 |

（B保單評價，吳家揚整理）

### 例三：保單C

舉例民國98年買的「台幣增額終身分紅保險」C保單：被保人是40歲的單身女性，訴求是儲蓄，年繳保費35880元，繳期20年，第二年起每年返還生存金7500元。當初投保的原因是業務員強調：「儲蓄險利息比定存好」，我們來看事實是如何呢？

| 年度 | 開始 | 保費（yearly） | 保費（totally） | 累積領回 | 年度保單 | 年度末生存、期滿保證金 | 年度末解約金 | 身故 | 解約報酬率（％） |
|---|---|---|---|---|---|---|---|---|---|
| 101 | 981127 | 35880 | 143520 | 22500 | 4 | 7500 | 47925 | 150000 | 49.07 |
| 102 | | 35880 | 179400 | 30000 | 5 | 7500 | 66855 | 150000 | 53.99 |
| 115 | | 35880 | 645840 | 127500 | 18 | 7500 | 371745 | 379245 | 77.30 |
| 116 | | 35880 | 681720 | 135000 | 19 | 7500 | 396975 | 404475 | 78.03 |
| 117 | | 35880 | 717600 | 142500 | 20 | 7500 | 422670 | 430170 | 78.76 |
| 118 | | close | 717600 | 150000 | 21 | 7500 | 423855 | 431355 | 79.97 |
| 119 | | close | 717600 | 157500 | 22 | 7500 | 425070 | 432570 | 81.18 |
| 132 | | close | 717600 | 255000 | 35 | 7500 | 447420 | 454920 | 97.88 |
| 133 | | close | 717600 | 262500 | 36 | 7500 | 449820 | 457320 | 99.26 |
| 134 | | close | 717600 | 270000 | 37 | 7500 | 452265 | 459765 | 100.65 |
| 135 | | close | 717600 | 277500 | 38 | 7500 | 454740 | 462240 | 102.04 |
| 167 | | close | 717600 | 517500 | 70 | 7500 | 522600 | 530100 | 144.94 |
| 168 | | close | 717600 | 525000 | 71 | 7500 | 520950 | 528450 | 145.76 |

（C保單評價，吳家揚整理）

還本型的儲蓄險C，儲蓄效果很差。第37年才拿回本金，若以定存利率1.2%「單利」計算，37年共計利息44.4%，保單第70年效果才和定存相當，而保單第71年就結束了；若以1.2%「複利」計算，終其一生（到111歲）更不可能打敗定存。

## 儲蓄險能打敗定存和抗通膨嗎？

顯然民眾很容易被業務員說服，而購買一些不符合自己需求的保單。儲蓄險除了保本生息外，最起碼要求還要打敗通膨才可以。長期而言，最好持有20年以上，保單A和保單B還可以達到這個目標，但保單C就不及格。

對保單C而言，因為只繳4年，當事人決定減額繳清，而將其餘未繳的年費投入更有效率的六年期儲蓄險，當成退休規劃的一環。

原則上，越是以公司不會倒為訴求的公股銀行或郵局所推出的儲蓄險保單，條件通常較差，多比較就可以得知結果。

## 利變型保單相對優

如果一定要購買儲蓄險，選擇利變型保單是建議的險種。

> 利變型保單的增值回饋分享金＝（宣告利率－預定利率）× 保單價值準備金。

保單推出的時候，預定利率和保單價值準備金已經確定，宣告利率由保險公司官網每月公告。

該保單特性為，當市場處在升息循環，保單有機會調高宣告利率，讓保戶有更多收益。當市場處在降息循環，保單有機會調降宣告利率，讓保戶減少收益，但下限就是預定利率。亦即，最差的情況，利變型的「地板」可能等於傳統型的「天花板」。

利變型保單的評價方式也一樣，用上述方式找出對自己最有利的保單。

## 儲蓄險比較適合做退休規劃

目前台幣儲蓄險的預定利率，有些保單已經降到1.75％。意思是保單是有史以來最貴，儲蓄的效果也更差，除非未來升息。儘管如此，從理財規劃的角度，儲蓄險仍可作為核心資產的一部分，將其納為退休規畫一環。

除此之外，每張保單都有自己的「風格」。可善用保單的附加條件：有的保單有增額功能，例如保單B（本契約第5週年或每屆滿5週年以及被保險人結婚或子女出生後第一本契約週年，每次可增加原保額25％）。有的保單二至六級殘可豁免保費、有高保額折扣或集體彙繳折扣、有些保單有額外信用卡折扣。當然，附加功能越多，保單一定越貴。但必要時善用這些額外的功能，增加儲蓄險保單的內部報酬率（IRR）。若市面上的預定利率條件變得很差時，就可以考慮「加碼」舊保單。

一開始也可以選擇不還本的利變型保單，讓它隨時間產生複利效果，等到需要錢時，再「部分解約」拿來當生活費，也是一種可行的方式。釐清個人需求、做好全面規畫，這樣買儲蓄險才安全又安心，長期下來讓自己的資產穩健成長。

良心建議小資族，不要太早購買儲蓄險，因為現在新推出的儲蓄險保單內部報酬率太低，不利於累積財富。小資族買保單，還是以保障型商品為優先。

# 投資停看聽，
# 也要實地勘查

投資市場詭譎多變，而人性的貪婪與恐懼更為投資風險推波助瀾，一個不小心可能淹沒覆頂，再難翻身。投資前的風險評估不得不慎，輕忽不得。

投資考驗人性，當有「高獲利、零風險」的投資機會向人招手時，很少人能夠不心動。有人因投資發大財，大家都會期待那個人就是自己，但是有更多人因不當投資而破大財，最慘是一時之間鬼迷心竅地投入大把辛苦賺來的鈔票，最後真心換絕情，落得被詐騙下場。

有些大家好像聽過，又不太知道是怎麼一回事的投資案，以或神秘或華麗高端的「說明會」取信投資者，包裝成似乎需要一些特殊的管道，獨特的人脈千載難逢的「好康A」。最終，卻成為讓投資人欲哭無淚的噩夢。

事實上，投資風險是可以事前防範的，只是需要花時間去評估或實地勘查。

# 實地勘查的必要性

買賣公司會牽涉到大筆金額，要透過「技術人員、會計師和律師」等三方面專業人士的幫忙取得公司內部資料，做進一步的評估。若沒有實地勘查了解的投資案，都有可能成為未來的禍患。

實地查核項目至少要有下列幾大項：

1. 企管五要項「產、銷、人、發、財」是基本的評估項目。「生產與作業管理」及「行銷管理」兩項活動為企業主要之功能；「人資管理」、「研發管理」、「財務管理」和「資訊管理」，被視為輔助性功能。

2. 訪談管理當局、核閱公司登記資料和股東名冊。

3. 查核營運計畫書，了解財務預測之基本假設是否合理。

4. 在產業的核心競爭力，市場規模大小和負責人的誠信問題。

5. 需了解過去幾年財務報表內的項目，是否有適當之依據和反映公司經營狀況。對於重要會計科目要查證，也要了解公司有無稅務風險等。

買方要低價，賣方要高價，最後是買賣雙方議價成交。但如果不是買公司，不會牽涉到億來億去的資金時，是否有必要實地查核？答案是：當然有必要。通常只需要基本的常識或商業知識，多問多查證，就可以評估要不要進場投資。

# 評估投資機會

　　坊間詐騙手法不斷翻新，不斷地透過家人或親友的推薦，達到非法吸金的目的。近年來因為違法事件上社會版新聞才又引起關切，不外乎是：海外期貨投資案、虛擬貨幣投資、海外不動產投資、未上市公司投資等。本文舉幾個實際案例，請大家提高警覺。

## 海外期貨投資

　　「印尼千禧國際集團」說明會辦在信義計畫區中高檔的辦公室中，說明的人包裝成人生勝利組成員，年輕多金「做公益、幫助人」，號稱年收入上千萬，住豪宅開名車，常PO出國旅遊、考察、享受美食的生活，集團一小撮人就開始吸金。

　　這類型的投資案因為是非法的，所以說明會也不敢明目張膽，是小型的且認識的人介紹才進的去，一個拉一個。投資案談的內容不但「漏洞百出」，只會講好的一面避談風險。只要開立「海期無交易功能」帳戶，匯款後可享年利率8％利息收入。且吸收下線，也會有優渥獎金。

　　他們會說是美國認證，安全有保障，但自己做功課Google查一下，就會發現是詐騙集團無誤。（參考資料：https://www.mobile01.com/topicdetail.php?f=291&t=4818120&p=8）

　　出事時距離距離說明會有一段時間，有時詐騙行為會隱藏很久。當投資人出金出問題時，報警處理東窗事發後，其他投資人才會驚醒。（參考資料：https://tw.appledaily.com/new/realtime/ 20171121/1245291/）

同樣的情節，也發生在馬勝金融詐騙集團。

## 虛擬貨幣投資

就虛擬貨幣投資而言，如果只是當礦工也頗有樂趣，挖到比特幣還可以販售，更何況比特幣可以在美國期權市場公開交易。

但有一種是投資型態，要你將錢放進海外公司，會給你看某投資者的高獲利對帳單，還會招收下線會員者，就要小心了。這類型的投資案說明會通常也不敢明目張膽，是小型的且認識的人介紹才進的去，一個拉一個。「維卡幣Onecoin」投資案談的內容也是「漏洞百出」。只講好的一面，暢談投資標的半年後上市，獲利千百倍起跳。

當你多問幾個敏感的問題時，例如，投資風險、閉鎖期、公開說明書、或相關的公司資料或證明文件等等，對方就完全不想多談，還很生氣的說：「就不要投啊，我是要幫助你財富自由的」。真是佛心來的，他們一樣打著「做公益、幫助人」的名號，常PO出國旅遊、考察、享受美食的生活，集團一小撮人就開始吸金。看到這裡，是不是和上面的詐騙案一模一樣？N年了，投資標的還沒上市，錢還卡在「閉鎖期中」動彈不得。投資人大概也哭笑不得，悔不當初吧，維卡幣目前弊案連連。

劇本幾乎一模一樣，馬勝詐騙集團成員「出書」將自己塑造成投資理財專家形象來提高知名度，再利用「以太貨幣挖礦機」非法吸金，目前也弊案連連。

## 海外不動產投資

海外不動產說明會通常比較公開，場子也大許多，有時還會有名人助陣。有一次在 W 酒店舉辦「英國倫敦不動產」小型投資說明會，有一位投資人來「鬧場」，說這家仲介公司是詐騙集團，騙她到美國底特律投資後就不聞不問，她的資金全部卡住出不來。當時美麗的「話術」就是詐術，要大家不要再受騙。

投資海外不動產最好先到實地看過，也要了解當地的法規和稅務後才下手。投資房地產的話術不外乎是目前是低點，是投資好時機，未來可享增值，現在也可享受租金收入。投資房地產畢竟要一大筆錢且變現速度慢。許多投資人甚至只看過照片和說明文案就投資，真是令人佩服其勇氣。許多案子聽起來就是要辦說明會尋找下一個笨蛋來接手的樣子。

許多國家不允許外國人直接擁有不動產，更是要小心。外國人可以用投資公司的名義或用當地人頭來購買不動產，但要「過戶」給你這個「外國個人」時，會不會出問，都是需要考慮的。

## 股權投資

我們沒有要買公司，只是要做股權投資（投資未上市櫃公司的股票），需要搞這麼複雜嗎？當然也要實地勘查！你有義務隨時保護好自己的口袋。

聽完說明會後，憑感覺和第一印象，看對方的「面相」和「論述能力」。然後，當場多問問題，看對方如何回答，有沒有誠意回答和解惑，自己大概心裡就有譜了。通常，這個階段 95％以上的投資

案就會被刷掉了。

憑感覺畢竟不可靠，可查個人和公司相關資料。到「經濟部→商業司→商工登記公示資料查詢服務」查看：公司負責人、資本額、董監持股明細。也可以到「金融監督管理委員會證券期貨局→公告資訊→裁罰案件」中查閱，是否有違規行為。另外，人紅是非多，有些公司負責人都有刑事和民事的官司纏身。請仔細看清楚「判決書」的內容，因為商場如戰場，被誣告的也不少。

接下來就深入了解和驗證說明會上提到的內容：技術來源、技術能力、經營管理能力、專利佈局、團隊成員、工廠或總部地點、營收來源、本業及業外收益、相關企業和關係人、稅籍問題和稅務問題等等。營運計劃書的假設和上市櫃時間是否相符？了解每一輪的資金投資人，是否已經到位？每一輪增資是否合情合理，能否和營收搭上？是否已在「未上市盤商」交易？

以上細節，只要花時間或多問多查證就可做到，如果疑點太多，且無法說服自己就不要投。也可以問問創投或投信的朋友，聽聽他們的意見和建議。投資前，至少要拿到「投資說明書」書面資料和看過財報。

如果公司規畫到美國上市，是一個更複雜的過程。流程可能是：投資台灣未上市公司增資股或大股東個人名義釋股後，轉換股權到英屬開曼群島或海外公司，再轉投資到美國公司。這樣會有問題嗎？一樣要問清楚細節和上市櫃時間，輔導券商和律師事務所。每個過程都可能會卡關，讓上市櫃日期無限拖延，不可不慎。而且通常是投資變股東後，才會看到財報，才會受邀開股東會。

## 培養實地勘查能力，讓獲利加倍

「股票投資賺取百分比，而股權投資賺取倍數。」我曾在「正派」經營的未上市公司上過班，因為大量認股，待公司成功上市後，就財富自由了，那年才37歲。因此，我對未上市公司的爆發力是有經驗的。有沒有雄厚的資金和技術來源，是我最重要的評估標準之一，尤其是資金。當時並不需特別去看財報，因為日常所做所為，都會影響到產品的良率和產出，最後會反映在財報上。

但現在我不在這個投資的「未上市公司」中上班，因資訊不對稱，也無法精準掌握公司狀況，只能選擇相信公司負責人。資金閉鎖期很長，所以投入的金額要量力而為。如果到時真能在美國那斯達克成功上市，雖然閉鎖期可能長達5年，但有機會拿到20倍以上的高報酬率。

營收、毛利率和盈餘，是一家公司可以撐多久走多遠的基礎。實地查驗、多做功課，如果：「營收無法支撐獲利、短期間內有不合理的高收益、還有老鼠會般的下線獎金和神秘說明會，基本上就是詐騙。」投資要下苦功，要經得起自己的邏輯驗證，就有機會享受高獲利。

# 投資虛擬貨幣的
# 美麗與哀愁

區塊鏈技術和虛擬貨幣很夯，近來許多年輕富豪靠投資或創造虛擬貨幣而致富。基本上，數位世界或軟體和網路都是年輕人的天下。Microsoft、Google、FB等創辦人創業時都是年輕小夥子，騰訊馬化騰曾說：「你沒有錯，只是年紀太大。」但先不用氣餒，不用感嘆時不我予。如果說年齡是參與區塊鏈門檻，你要做的是鍛鍊自己的投資眼光，只要跨過門檻，還是可以闖蕩「虛擬新大陸」。

回溯歷史：70年代重視產品品質、在80年代重視品牌行銷、90年代重視連鎖店、2000年代開始大搞網路和互聯網。現在跟上流行的投資項目是：5G通訊、人工智慧、區塊鏈、虛擬貨幣、無人載具、無人商店、物聯網資安、智慧金融、智能製造、生態鏈、共享平台等等，往錢堆走，比較有大的獲利機會和空間。

## 區塊鏈技術

區塊鏈技術是什麼？它的影響又在哪裡？

區塊鏈的核心特性是結合共識機制和智能合約，可成為機構之

間創新互聯的基礎設施。它透過密碼學和P2P架構，讓計算、通信、隱私和儲存都受到保護；區塊數據獨特的鏈式資料（公開帳本），容易驗證和追查；分布廣，多中心無仲介且高效率；資料全網保存，無法單方修改。區塊鏈的應用可以很廣，從食、衣、住、行、育、樂，到慈善、洗錢和智能合約，都有廣泛的應用。

就像透過ATM轉帳一樣，也可以透過區塊鏈來轉帳虛擬貨幣，可說區塊鏈就是「去中心化的資料庫」。大家基於信任去共同維護和管理這個系統，並不需要「中心化的銀行」來管理大家的帳本。這也是虛擬貨幣的防偽機制，來擔保轉帳紀錄正確性。

想像一下，如果駭客要駭走任何一筆比特幣，他必需竄改「全世界51%以上」擁有比特幣使用者的個人電腦（節點）資料，才能做到。基本上，這是不可能的，也可以確保比特幣持有人的資產安全。所以駭客都從「個人錢包」偷走比特幣，而非從「系統」下手。

## 比特幣的誕生

「區塊鏈是母親，比特幣是長子。」比特幣是區塊鏈在虛擬貨幣最早的應用，目前也最有名。許多公開交易所都可以買賣，交易量也是最大。

從2009年1月3日「中本聰」推出比特幣後，大約每四年經歷一個半衰期。將電腦準備好，下載程式上網後，就可以當礦工了。大約每次10分鐘，系統會出一道題目，所有礦工中電腦運算速度最快，第一名得到正確解答者，系統會給予獎勵比特幣，俗稱「挖

礦」。然後所有參與者，彼此電腦間記下第一名的「區塊」，這個動作叫做「記帳」。每個區塊就對應到一個公開帳本，任何交易資訊和轉帳記錄都記錄在這個區塊中，直到下一個區塊產生。

會產生多少區塊？6（每次大約10分鐘，每小時6次）×24（一天24小時）×365（每年365天）×4（一個半衰期大約4年），大約等於21000區塊。2009年1月3日起，每次給第一名礦工（第一名解題者）獎勵50顆比特幣。2012年11月28日第一次減半，每次給第一名礦工獎勵25顆比特幣。2016年7月9日第二次減半，每次給第一名礦工獎勵12.5顆比特幣。2020年，每次給第一名礦工獎勵6.25顆比特幣。類推到2140年，直到最後一顆比特幣被挖出。總共＝210000×（50＋25＋12.5＋6.25＋....）＝2100萬顆比特幣，這個總量約2100萬顆比特幣是固定不變的，這也是比特幣的價值所在。2140年後系統完全沒有獎勵給礦工，比特幣的生態該如何維繫？雖然是百年後的事，答案應該是靠交易手續費，也就是使用比特幣交易的人，必須支付小費給礦工（記帳者）。

## 比特幣期權交易市場

紐約加密貨幣交易平台業者LedgerX，搶先於2017年10月開始提供「比特幣選擇權」交易服務，採用比特幣結算。

美國商品期貨交易委員會（CFTC）於2017年12月1日核准三家業者，除了芝加哥期權交易所（CBOE）之外，還包括CME Group與Cantor Exchange。美國最大的期權交易中心CBOE於2017年12月10日正式推出「比特幣期貨」的交易服務，代號為XBT

（Cboe bitcoin futures）。芝加哥商品交易所（CME）在2017年12月18日上線。COBE與CME都是以現金結算。

CFTC警告：「比特幣仍然是個高風險的投資，價格的飆漲主要來自於投機心態。且比特幣是限量的，市場供需只能藉由價格來反應，與傳統期貨商品不同。」

美國證券交易委員會（SEC）於2018年8月22日，再次拒絕三家公司所提比特幣ETF的申請案。SEC拒絕理由，最主要仍是對比特幣存在欺詐及價格操縱感到憂心。此外，交易所也未能提供證據，證明比特幣期貨市場是規模夠大的市場。

## 如何擁有虛擬貨幣

首先要有一個虛擬貨幣錢包，可透過：挖礦、交易買賣、錢包轉帳和比特幣販賣機，來擁有虛擬貨幣。有挖礦設備參與解題者叫礦工，交易行為不算礦工，但交易紀錄會記錄在交易所提供的區塊鏈中。

1. 挖礦的礦工需要POW（工作證明Proof-of-Work），比特幣的雲端系統會偵測和記錄每台電腦的軟硬體設備、運算能力和記帳貢獻。隨著挖礦人數的激增，從個人進化到礦場，再集資成立礦池。升級電腦設備來挖礦，大概就是電費大增，挖到就賺到，但現在個人很難和專業的礦場、礦池、和雲端挖礦競爭。

2. 進入交易平台：目前全世界有上萬個交易平台，只要註冊開戶就可以交易，但要注意平台的真實性、安全性、流量和專業性。目前台灣主要三個交易平台為：MaiCoin、BitoEX和BITPoint。而

OTC場外交易如LocalBitcoins等，風險較高。

　　3. 錢包轉換，就是玩家自己交易，可以透過網站查詢交易狀況。（資料來源：https://blockchain.info/）

　　4. 由比特幣販賣機可知台灣目前有7個地方，只能購買但不能販賣比特幣。（資料來源：https://coinatmradar.com/）

　　5. 全球首創超商可以使用比特幣，全家便利商店在2015年11月推出比特幣支付功能。2014年起，全家代售的比特幣交易量已逾國內的兩成。BitoEX與全家便利商店合作，提供買家購買Bitcoin。

## 虛擬貨幣的興衰

　　實際上全球的虛擬貨幣種類高達上千種，運算原理和程式碼可能也不同。目前由比特幣引領風潮，但實際上還有許多虛擬貨幣正蓄勢待發。目前世界前幾大有名的虛擬貨幣：比特幣（Bitcoin）、以太坊（Ethereum）、瑞波幣（Ripple）、比特幣現金（Bitcoin Cash）、柚子幣（EOS）、恆星幣（Stellar）和萊特幣（Litecoin）等，而這些上千種的虛擬貨幣也會隨時空背景而突出或殞落。

　　虛擬貨幣藉由價格蒐集網站，可以了解各種幣的價錢和哪些市場特別瘋狂。舉例一顆比特幣價錢：2013年5月5日為111美元，2017年1月22日為909美元，2017年12月17日創下目前的歷史天價19536美元，而2018年12月12日回落到3395美元。最近不到一年漲了20.5倍〔（19536-909）÷909〕，也不到一年跌了82.6％〔（3395-19536）÷19536〕。看對趨勢做對方向者，賺很大；看錯做錯者，就慘不忍睹。

## 從5000元開始，以小錢搏大錢

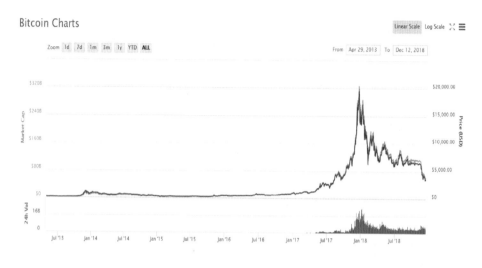

（比特幣走勢圖，資料來源：https://coinmarketcap.com/）

　　如果將時間拉長，比特幣的投報率會更可觀。但這個漲幅和其他前幾名的虛擬貨幣相比，簡直是小巫見大巫。

　　台積電2018年4月19日第二季法說會提到：智慧型手機疲弱和ASIC快速計算晶片需求不確定和匯率變動因素，會導致營收衰退。法說會後股價下修，可見挖礦晶片對台積電的貢獻不容小覷。

　　股神巴菲特認為虛擬貨幣：「毫無價值，永遠不會買。比特幣與其他虛擬貨幣不會有好下場，肯定虛擬貨幣最後會以悲劇收場。」摩根大通銀行董事長戴蒙（Jamie Dimon）、瑞銀全球首席經濟學家多諾萬（Paul Donovan）、高盛集團執行長貝蘭克梵（Lloyd Blankfein）、華爾街之狼貝爾福（Jordan Belfort）等人，都對比特幣市場發出警告，直指比特幣是泡沫，而且可能即將破裂。

# ICO規模暴增

ICO（Initial Coin Offering）是指首次加密代幣（Crypto-Token）發行，虛擬幣界的大事。許多新創公司使用ICO，來繞過風險資本家或銀行所要求的嚴格和規範的融資過程。ICO是熱門話題，許多國家目前還沒有立法監管。在ICO活動中，通常使用比特幣。參與ICO是投資虛擬貨幣的另一種暴利來源，像IPO一樣，風險也相當高。

ICO是2015年開始會聽到的新名詞，泛指公司用區塊鏈名義來籌集資金。許多ICO相關網站會提供投資項目，如ICOtracker和TokenMarket。

投資ICO就像投股票IPO一樣，要先看投資項目白皮書，要考慮市場規模、經營團隊、財務能力和技術能力、賺錢能力和未來性等。ICO有8成以上是詐騙，投資更要小心。

在2017年，那些詐騙和死亡的ICO就籌資近10億美元，可疑的創業公司大多使用類似多層次傳銷的方式來傳播及擴展業務。到了2018年儘管輿論風向已不甚看好，甚至代幣龍頭比特幣也重挫，但ICO仍然前仆後繼。

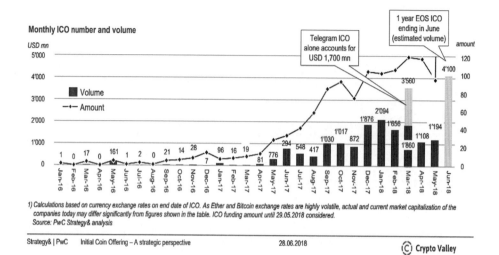

（資料來源：https://technews.tw/2018/07/03/bitcoin-has-fallen-70-and-ico-has-tripled/）

# 虛擬貨幣現在可以投資嗎？

　　從2009年比特幣誕生以後，催生了無數家的區塊鏈公司和上千種虛擬貨幣。區塊鏈的技術越來越受到資本家的青睞，當比特幣飆漲後，也被專家們檢視其優缺點。其「競爭幣」們，也孕育無數的應用。但，投資前要注意甚麼？

## 基本分析

　　1. 要完全公開原始代碼和去中心化、登錄到「國際交易平台」、全球可公開自由交易、有公開發行量且不可更改，如比特幣。虛擬

交易平台、ICO和虛擬貨幣的衍生性金融商品，都是可以研究的大方向。

2. 是否有明確的目的性。例如「以太坊」成立的以太企業聯盟（EEA），微軟、JP摩根、富邦金控等都加入，且以太坊的「智能合約」受到企業界的認可。以太坊的發行的「以太幣」，可視為以太坊的股份。這樣的「潛力股」是可以列入觀察名單的。

3. 礦機就是可以運行挖礦軟體的電腦，雖然我們平日所用的電腦就可以當礦機，但為了提高挖礦收益，會在一般電腦的基礎上加以強化，如增加挖礦用的ASIC晶片（特殊應用積體電路Application-specific integrated circuit）等等，變成專業礦機來提高勝算。比特大陸就是專業礦機的設備供應商之一，另外還有嘉楠智和BitFury。投資提供挖礦設備的「軍火商」，也是有機會的。

4. 各國對虛擬貨幣的監管方式和態度不一，有些國家合法，有些國家非法。要常常追蹤更新各國法律，也是獲利的最大變數。

## 技術分析

幣圈盛傳「幣市一天、人間一年」，多數人的虛擬貨幣投資都以極短線或短線進出為主，尤其是利用「期權」來交易時更是如此。和股票分析無異，用技術分析技巧的都要小心，贏家總是極少數人。

（資料來源：https://www.binance.com/tw/trade/BTC_USDT，更新日期2018年12月12日）

## 台灣主管機關的立場

台灣為落實洗錢防制，金管會2018年7月發函要求虛擬貨幣交易平台必須與銀行業者合作，不合作的平台，要求銀行禁止往來，由銀行處理現金流。對於實名制「同名帳戶」的可疑交易，由銀行來通報。到目前為止，尚未同意任何ICO募資依證券交易法規定申報的個案。

央行總裁2018年8月7日，在「虛擬貨幣與數位經濟：央行在數位時代的角色」演講中指出：「虛擬貨幣至今仍有供應量無法調節、價格波動大、效率低、耗能、硬分叉、無求償管道，及易被不法人士利用等問題存在。充其量只是加密資產，無法取代法定貨幣。虛擬貨幣迄今仍面臨許多問題，因此未能被市場普遍信任。」

　　先研究清楚後才能投資，看不懂的就不要買。理由很單純，投資要先知先覺跟上趨勢，也是快速致富的方式之一。如果是後知後覺者，可能會變最後一隻白老鼠而慘賠。後知後覺者會比不知不覺者還慘，因為不知不覺者從頭到尾都不會介入。高報酬高風險，應尋求合法、有信用、有立案的公司進行投資，才有保障。

　　如果想要嘗試這個新世界，當大師或國際大型專業機構都在看空而讓價錢崩跌時，空手者最好先觀望不要介入，甚至放空，或待局勢明朗後再說。如果看好虛擬貨幣的前景，要像股票投資一樣，長期持有，會比短線殺進殺出好。

　　2018年9月，美打擊密碼貨幣犯罪士氣大增，因為法官裁定ICO是一種證券。台灣金管會，也可能2019年會立法比照辦理。虛擬貨幣變化無窮，一定要常吸收新知，且要了解各國法律變化和國際趨勢，避免一夕之間黃金變垃圾。

　　「比特幣半衰期前後」也會有大行情？尋找可投資的虛擬貨幣，ICO是另一個短期可賺取暴利的管道。資金控管也很重要，最好不要超過總投資金額的5%。

# 第三部

# 長期持有穩穩賺：
## 股票與基金

# 賺錢DIY，
# 建立股票資料庫

**許**多人找我談理財，常聽到他們的「股海浮沉記」，說到傷心處眼眶泛紅，既要忍受財務損失，還要擔心家人的不諒解，滿腹辛酸無處說。

股票是國人最喜歡的投資工具之一，普遍觀察投資人的態度則是很隨興，缺少一貫的運作邏輯。然而，要從股市賺錢並不是一件容易的事，八成的人是賠錢的。毫無準備的投入就想賺到錢，機率更是渺茫。

更慘的一群人花大錢去學習，聽信師傅的話，結果成為抬轎人、成為被出貨的對象。方法不對、態度不對，浪費時間和金錢。一旦彈盡糧絕，只好退出市場休養生息。有意思的是，好不容易恢復生息之後，下一位救世主「厲害的師傅」剛好又出現了。如此，周而復始，不知為誰辛苦？為誰忙？

不要以為聽一、兩天的課程，自己畫兩條線，就能一夕致富。現實很殘酷，沒準備好就投入，你的錢只會隨著時間逐漸流進他人口袋，讓別人過著幸福美滿的日子。

# 要先有這些基本功

　　真正要在股票投資市場立足，別無他法，要透過系統性的學習，從基礎課程開始學習，不斷地模擬和練習，一步一腳印建立自己的決策能力，才有機會賺到大錢。要賺到錢，一定要有一套自己股市賺錢DIY（Do It Yourself）的方法。

　　「賺多賺少、自己決定！」付出和成果成正比，越是努力的人，只要方法正確，假以時日，一定可以從股票市場中穩定的賺取合理利潤。要從股市賺錢，必須知道公司的基本面和競爭力，而投資股票的基礎三門課：財報分析、技術分析和籌碼分析，一定要弄懂。

　　利用免費網路資源來下載公開資訊，存在雲端或自己的電腦中，定期更新資料，就可以形成自己的資料庫。或許你會認為，下單軟體就有一大訊息了，為何還要自己建立資料庫？主要是因為提供資料期限太短。若打算長期投資，財報只少看十年以上，甚至從公司揭露財報開始。透過學習將這些資料，轉化成「額外」有用的訊息。接著，配合產業訊息、國家政策和世界總經局勢，不斷的精進。

　　將數字變成視覺化的趨勢圖來掌握變化，我們可以知道甚麼是好公司、甚麼是好股票、也可以猜到價值型公司股價區間，或許還有機會找到飆股。財報參數長期趨勢向上（向下），表示公司基本面變好（變差），就可以掌握一家公司的概況，當成投資決策的參考。建立資料庫的好處是，可以自創指標和模擬試算增加勝率。

# 財報分析

　　一看到「會計與財報」這個名詞，許多人就退避三舍，頭痛也不想學。但會計是會計師的專業，只要有好的會計師把關，接下來的財務分析結果可信度高，可當選股的參考。

　　要找出好的公司，公司治理和負責人的誠信都非常重要。轉投資太多、財報太複雜、看不懂、曾經作假帳，或和主力掛勾的公司，都不要碰，雖然這類型的公司股票常是飆股的溫床。

　　沒錯，財報是落後指標，也很容易「操弄」，但還是要去閱讀。看過去，預測未來。好比建北生通常成績比較好，雖然不保證每個學生都可以考上台大，但讀台大的「機率」還是比一般人高。

　　財報有四大張：1.資產負債表，了解企業財務結構；2.綜合損益表，衡量企業經營績效；3.現金流量表，評估企業能否持續經營及競爭；4.權益變動表，企業是否公平對待股東。除資產負債表是「存量」外，其餘都是「流量」的觀念。現金流量表最重要，也最不容易被操控。財報分析最基本但難度相對高，學到精不容易。另外，要注意財報空窗期，避免不必要的風險。此外，還要關注股票評價和財務槓桿。許多財務數字和四大報表的「表間」或「表內」，有強烈的相關性。

# 技術分析

　　技術分析是大家最孰悉的技巧，只對考試得分有幫助。如果投資「只看」技術分析，對實際投資績效沒有太大幫助。因為主力知道你的伎倆，這些圖就是他們畫出來騙你的，而散戶通常也會上當。股票是量先行，有量才有價。技術分析對中小型股不適用，因股本小容易受到有心人操控。指數，或許因外力干擾的機率比較小，比較適用，但也絕不是坊間出版品上的那幾招就能應付。

　　我們可從歷史數字中畫出「常態分佈」曲線圖、計算標準差等等，來找出未來落點的機率，當作「買進或賣出」的參考點，這個前提是「價值型」的公司，因為股價會隨著景氣循環而落在某些區間。可多畫幾條線在股價線圖上，「五線或七線」都行，用自己的「原創指標」增加勝率。而且很重要的是，如果真的可以賺錢，千萬不要讓別人知道。

# 籌碼分析

　　籌碼被鎖住了，就容易形成飆股或強勢股，很適用於中小型的主力股。透過一些公開的訊息，經過自己的簡單計算，就有機會掌握到籌碼面的訊息增加投資報酬率。當籌碼被釋出而變凌亂時，就該出脫了。如果找到飆股，淺嚐即可，千萬不要重押身家，因為它們是被人為操控的。如果成為最後一隻白老鼠，就非常非常麻煩了。

# 這樣做股票才會穩賺

　　賺快錢的人和賺慢錢的人，基本的思維和做法是完全不一樣的。這沒有對錯，只是個人的見解不同。當沖是證交所推出救股市成交量的政策之一，當沖量也逐漸增加。據交易所統計顯示，從2017年4月28日降「當沖稅」起到2017年5月12日止，只有5月10日這一天帳上有賺，其餘平均每天當沖客都賠數百萬到數千萬元之譜。因為證交稅和交易成本幾乎全數吃掉了當沖客獲利，讓當沖客天天白忙一場。

　　基本上，當沖客不需要任何資訊，只要有「膽識」即可。如果個股成交量夠大和股價波動夠大，就是當沖客的標的。長期而言，絕大多數的投資人就是賠錢，這些人早晚會改變交易模式或退出市場。

　　投資「成長型」的公司，隨著財報的發布，股價也會水漲船高而持續創新高。財報可以看出是不是成長型的公司，所以用歷史股價來計算相關的數據，也只能當「買進而非賣出」的參考。像巴菲特所言：「我們是要買進公司而不是買進股票，不要在乎短期的股價波動，要在乎的是公司基本面有沒有變差。」

　　即使透過基本分析，找出相對應的股票，但最好還是不要重押單支股票，除非很有把握。我們可以集中持續買進幾支好股票，形成「黑猩猩選股法」的投資組合，定期追蹤這些公司的表現，長期持有並減少不必要的交易成本，長期都是贏家。

# 別被財務報表嚇跑，
# 兩張圖快速學會基本功

談到財務報表大家都會避之唯恐不及，但巴菲特認為：「每天至少要讀500頁財報且要花80％的時間在思考和閱讀上，這是基本功。如果看不懂財報，就應該遠離股票市場。」

大家都想學巴菲特的價值投資法，但世界上只有一個巴菲特，基本上完全無法複製，因為他的條件我們都沒有。坊間有號稱巴菲特價值投資法的課程，巴菲特沒有收徒弟，且教導的內容和巴菲特的智慧也沒有關係，真是諷刺。

財報課程少有人教，通常只在學校或專業補教機構傳授。財報之所以難懂，是因為教學方法錯了。而學校老師為了展現專業知識和應付很長的預定教學時間，會將最基本的東西搞得很複雜。學習財報數十小時之後，依然頭昏腦脹忘東忘西，也不會用。

## 正確學習財報，會讓人覺得財報好好玩

在我的授課經驗裡，只要4小時包含資料庫建立和股票實例講解，就會清楚公司經營走向，學員也能學習到基本觀念並立刻實

戰。當有基本觀念之後，就有能力自學進階。當然如果更精進，則需要持續的練習、練習、再練習，如果身邊有老師提點則更好。

## 先記得這張圖

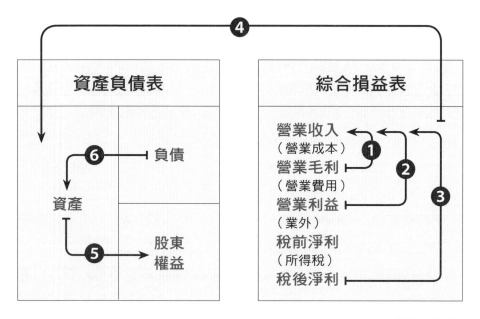

（吳家揚製圖）

財報的確很複雜，但我們可以用簡單的圖示法幫助了解和記憶，讓自己很快上手。請先將這兩張報表中的重要的會計項目、相對位置、箭頭方向和數字，牢牢記住。即使還不知道這是甚麼，有甚麼好處，光是這張圖就可以變出一些應用項目幫助我們了解公司財務狀況和評估股票價值。

## 再記得第二張圖

將資產負債表中的資產和負債，細分為流動和非流動。現金流量由三大成分組成：營業活動現金、投資活動現金和籌資活動現金。這張圖，列出四張財務報表的相對關係。

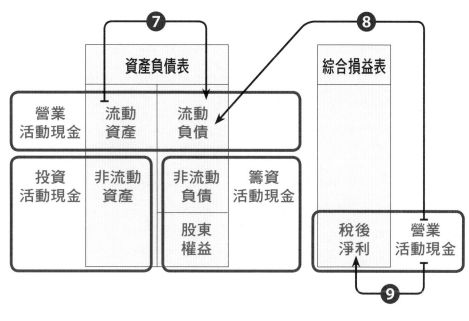

（吳家揚製圖）

## 股票評價

如果將圖中的股東權益和稅後淨利再加以利用：將「股東權益÷流通在外股數」就變成「每股淨值B」；將「歸屬於母公司業主之損益減去特別股股利÷普通股加權平均流通在外股數」就變成「每股盈餘EPS」。而股價P，除以B就是「市價淨值比P／B」，除以EPS就是「本益比P／E」。B和EPS，越大越好。

## 五力分析

我們常聽到財報五力分析，到底是什麼？五力是指：A.財務結構分析；B.償債能力分析；C.經營能力分析；D.獲利能力分析；E.現金流量分析。

箭頭方向是「除以」的意思，舉例1是「營業毛利÷營業收入」，定義就是「毛利率」。類推：2是「營業利益÷營業收入」就是「營業利益率」；3是「稅後淨利率」；4是「資產週轉率」；5是「財務槓桿乘數」；而6是「負債比率」。7是「流動比率」；8是「現金流量比率」；9是「盈餘品質率」。

1、2和3就是D的重要項目，數字越大越好；而5也是D的重要項目，但數字大小依經營能力而定；4是C的重要項目，數字越大越好；6是A的重要項目，原則上數字越小越好。7是B的重要項目，數字越大越好；8和9是E的重要項目，數字越大越好。雖然原則如此，但最終還是以公司經營策略和產業別而定。

五力分析是財報分析中最基本的項目，可以看出公司的營運狀況是否健康、是否具競爭力、公司財報是否做假、是否值得買進。

## 進階項目ROE和ROA

杜邦方程式：股東權益報酬率ROE的定義為：「稅後淨利÷股東權益」＝（稅後淨利÷資產）×（資產÷股東權益）＝（稅後淨利÷營業收入）×（營業收入÷資產）×（資產÷股東權益）＝3×4×5。

資產報酬率ROA的定義為：「稅後淨利÷資產」＝（稅後淨利÷營業收入）×（營業收入÷資產）＝3×4。而，ROE＝ROA×5。簡單來說，ROE是指實際獲利入口袋的錢，而ROA是指賺錢的能力。

ROE是巴菲特最愛的項目之一，他表示：「如果財報中只能選一個參數，我會選ROE。」ROE長年大於20％的公司，才有機會放入巴菲特的買股名單內。

## 杜邦模型的應用

許多微型企業或小企業主來找我做財務諮詢，主要是想投資股票賺錢讓自己早日財富自由。過程中，知道許多人連基本的財報卻不會看，真是可惜，而公司記帳只仰賴記帳士，這真是危險的經營方式。如果早知道基本的財報原理，就可以依據杜邦方程式來改善公司的財務狀況。

先用一張空白表格（參照下頁圖表），將公司財務資料填進去，然後運用公式將相關數值算出，這是改善前的數字。看哪些項目要改善，列出清單和具體的行動時間表，計畫要改善到甚麼地步。一段時間後，或許半年或一年，再填入相關數據，就可以得到改善前後的比較。不斷的持續改善，直到滿意為止。

變化前　改善後

| 營業收入 | 變化前 | 改善後 |
| --- | --- | --- |

変化前　改善後
營業毛利

變化前　改善後
營業利益

變化前　改善後
營業成本

變化前　改善後
營業費用

變化前　改善後
利息與稅賦

變化前　改善後
稅後淨利

變化前　改善後

| 毛利率% | | |
| --- | --- | --- |
| 營業費用率% | | |
| 營業淨利率% | | |
| 資產週轉率% | | |

變化前　改善後
資產報酬率

變化前　改善後
股東權益報酬率

變化前　改善後
流動資產

變化前　改善後
總資產

變化前　改善後
負債

變化前　改善後
非流動資產

變化前　改善後
股東權益

（吳家揚製圖）

102

## 重要提醒事項

上述的學法是基本入門檻，許多細節還要深入研究才行。我們不是公司經營者，一定會有資訊不對稱的情況發生，要仰賴專業的會計師幫我們把關。

會計師5種意見：否定意見、無法表示意見、保留意見、修正式無保留意見，和無保留意見。如果會計師在財報上簽「否定意見」和「無法表示意見」時，股票認賠都要賣，先賣先贏避免下市變壁紙。

如果公司財報無法在規定時間內上傳主管機關，表示公司可能出問題了。財報空窗期是指，第3季財報11月14日後到隔年年報3月31日前的時間相隔太久。有問題的公司正在做最後的掙扎，許多飆股也在這時出現，都要小心。

會計師雖然專業，但因資訊不對稱，仍有可能被騙。所以我們要選的是，有誠信的公司經營者和專業有聲望的會計師，來為財報雙重把關。

## 不要說財報太難學了

基本上，兩張圖，幾個文字、幾個數字和箭頭，就將五力分析中，基本而重要的觀念都用到了。再將股價和流通在外股數帶入，基本股票評價也學完了。是不是很簡單呢？可以自己將更多的會計項目放入四大報表中，利用圖像識別來幫助自學。

　　學財報就像在學開車一樣，不需要知道汽車的零件組裝和生產過程，了解知道固然很好，但不知道也沒關係。我們只要知道如何駕馭車子和遵守交通規則，知道何時應進廠保養和加水加油，就夠了。交通規則要知道，該減速就減速，該加速就加速。車子可以幫助我們提早達到目的地，但方向要對，該下車時也要下車。

　　財報是後視鏡，落後3到6個月，也是照妖鏡。財報是基礎，再加上技術、籌碼、產業、總經分析才有機會大賺。可以用大家都在用的「通用指標」或自己創立的「自創指標」，來評價股票而賺錢。只要有心一定學的會，讓我們一起快樂的學習財報吧。

# 財報選績優成長股

賺錢很辛苦，投資賠錢卻很容易。許多人只憑媒體報導或第四台的不實消息，就將錢投入茫茫股海中。或許少數人運氣好賺到錢，但多數人輸慘了。真正的投資者，要學會從公司的財務報表中淘金，因為企業經營方針不會短期內大幅改變，財報的趨勢會延續一段時間。要懂財報，才能長期從股市中賺到錢。

當學會基本的財報後，要如何利用這些指標選股？

## 五力分析中常見的指標

財務報表中常見指標應用原則：

1. 長期資金佔不動產、產房及設備比率＝（權益總額＋非流動資產）÷（不動產、產房及設備淨額）。主要是避免以短支長，以大於等於100為標準，數值越大越好。

2. 負債比率＝總負債÷總資產。避免債權人雨天收傘，數值越小越好。

3. 流動比率＝流動資產÷流動負債。200％為標準，小於130％偏低。

4. 現金週期（淨營業循環）＝存貨週轉天數＋應收帳款收現天數
－應付帳款付現天數。數值越小越好。

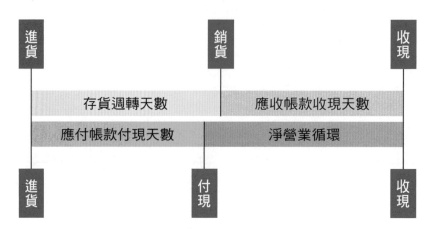

（現金週期圖，吳家揚製作）

5. 毛利率＝營業毛利÷營業收入。數值越高越好。

6. 每股盈餘EPS＝（歸屬於母公司業主之損益－特別股股利）÷
普通股加權平均流通在外股數。數值越大越好。

7. ROA、ROE，原則上數值越大越好。

當財報的數字或趨勢有變化時，要徹底了解和分析原因。

## 先確定大盤指標

覆巢之下無完卵，用基本分析選個股時，如果大盤局面很差
時，個股當然也難逃一劫。但財報選股的好處，是讓你有信心在超
跌時進場，或是套牢時可以長抱。

## 大盤本益比 PE

長期來看，PE接近20倍時，要有警惕。

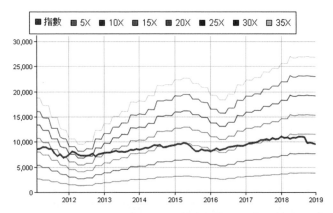

註：大盤PE(Price/Earning Ratio)，主要是觀察大盤指數在幾倍的整體市場每股獲利間波動。

（資料來源：富邦e01軟體）

## 市價淨值比 PB

長期來看，PB接近2倍時，要有警覺。

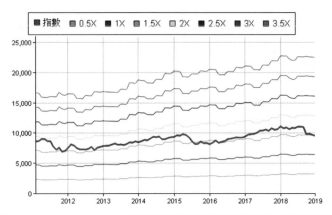

註：大盤PB(Price/Book Value Ratio)，主要是觀察大盤指數在幾倍的整體上市每股淨值間波動。

（資料來源：富邦e01軟體）

# 席勒本益比 CAPE

2013年諾貝爾經濟學獎得主羅勃席勒教授（Robert Shiller），自創的「席勒本益比 CAPE （cyclically adjusted price-to-earnings ratio）」指標，是以標準普爾500指數的股價除以過去10年GAAP（一般公認會計原則 Generally Accepted Accounting Principles）每股盈餘平均值來計算。CAPE與PE的主要差別在於：「使用十年的平均獲利，而獲利也要隨通膨調整」。席勒本益比的走勢與股市相反，是其中一個重點。

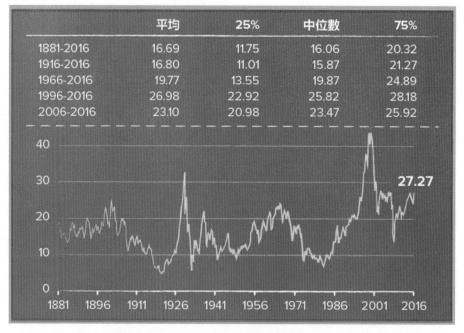

（資料來源：https://www.stockfeel.com.tw/%E8%AB%BE%E8%B2%9D%E7%88%BE%E7%8D%8E%E5%BE%97%E4%B8%BB%E7%9A%84%E5%B8%AD%E5%8B%92%E6%9C%AC%E7%9B%8A%E6%AF%94%E7%9C%9F%E7%9A%84%E8%83%BD%E9%A0%90%E6%B8%AC%E5%B8%82%E5%A0%B4%E9%AB%98%E4%BD%8E%E9%BB%9E/）

從歷史資料來看，1990年1月到2018年12月，以2000年網路泡沫時期最高為44.198，而現在 2018年11月為30.566，雖已突破金融海嘯前的相對高點，大盤目前似乎還很安全。

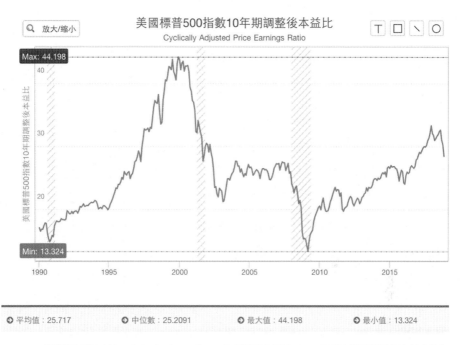

（資料來源：https://stock-ai.com/eom-1-SP500CAPE.php，更新日期2019年1月9日）

為解決GAAP經常修正、導致每股盈餘失真的缺點，2016年10月起，華爾街日報決定以美國商務部統計的全體美國企業稅後盈餘和聯準會統計的美股市值來計算CAPE。結果發現，2016年10月發布修正後的資料CAPE僅有19，略高於過去50年的平均值17，但遠低於達康泡沫時期的39和2007年金融海嘯前夕的24。（資料來源：https://finance.technews.tw/2016/10/08/cape-us-stock-2007/）

席勒說：「CAPE的經驗值都要修正，現在也不到放空或空手的時機。」因為2008年後，世界的錢真得太多了，所有指標都有局限性，需適時修正調整。前私校退撫儲金的操盤手，在運用PE指標時，也會一起看CAPE指標。他會自己計算大盤和個股的CAPE，避免PE失真而獲利錯失機會。

## 選股原則

財報要自己和自己的過去比，自己和同業龍頭比，才有意義。看有沒有進步，有持續進步者，就可以納入觀察名單。財報內，要看和值得看的會計項目很多，下面幾項的關鍵數字，如果無法通過考核，從財報的觀點就不應持有這檔股票。除非這股票曾經讓你賺過大錢，現在正處低檔，而將來有機會從返榮耀。

1. 看營收成長率：MoM（month on month月營收成長率）、QoQ（quarter on quarter季營收成長率）且和去年同期比較，數字越大越好。

2. 毛利率、稅後淨利率和營業利益率，數字越大越好。

3. EPS、ROE、ROA，數字越大越好。

4. 現金流量，數字越大越好。

雖然這些數值越大越好，但每個公司或每個產業，財務指標彼此間競合，總會有個極限。如果這些指標表現都不錯，就可以列入買股名單。然後，繼續看其他的項目，例如流動比率、資產週轉率、財務槓桿、負債比率等等。

公司長期策略和發展型態，可也從財報中看出端倪。列舉今年很夯的被動元件大廠國巨為例，2018上半年有人開玩笑說：「今年如果沒有被動，人生獲利將很被動」。國巨的重要財務會計項目製圖如下：ROE、ROA和EPS看右軸，而毛利率、稅後淨利率和營業利益率看左軸。

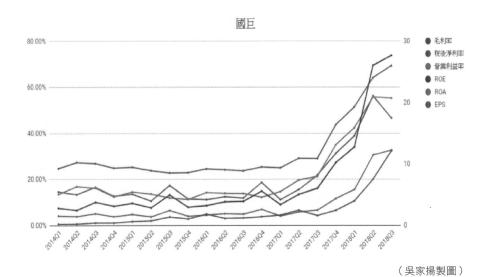

（吳家揚製圖）

基本上，從財報觀點看成長型的公司，重要而正面的財務指標通常是「從左下到右上，一路向上」。像這種「績優股長相」的公司股票，就可以買進。如果是「從左上到右下，一路向下」，就是「地雷股」長相，就該賣出。若財報指標逐漸由盛而衰，就要密切觀察和分析原因，必要時就要賣出。

「大盤PB和PE比」也可應用在個股，就知道個股目前股價是貴或便宜。利用PE和PB的歷史資料當參考，仿上述大盤做法自行

畫出7條線。利用歷史資料計算後，將PB設定1倍、3倍、5倍、7
倍、9倍、11倍和13倍。PE也是同樣的做法，可設定10倍、15倍、
20倍、25倍、30倍、35倍和40倍。如果再加上股價，作圖後就可
以清楚看出股價在歷史紀錄中，是高還是低。個別股票PB和PE的
倍數不一定要相同，但都使用7條線，方便識別。雖然國巨的PE和
PB都在成長，但股價先行。如果公司財報跟不上，股價就會修正到
「合理的」價位。如果財報未來持續表現良好，股價修正後有機會
再走高。反之，則走低。

## 地雷指標

我們都不喜歡選到地雷股，但地雷股長成甚麼樣子？
1. 營業活動現金和自由現金流量長期為負。
2. 營收、應收與存貨異常暴增。
3. 突然變換簽證會計師或高階主管。
4. 各項重要財務指標，由左到右趨勢向下。

當確定買到地雷股時，因有人為操縱的因素，雖然股價不一定
馬上會反應，最好當機立斷地賣出，即使賠了大錢。如果見報了，
通常都是無量跌停N根停板，然後打開幾天後，就下市櫃不見了。
例如：勝華、樂陞、博達等。

# 價值投資者才可能對抗心魔

本益比PE和市價淨值比PB，都是我們常用的股價評估指標。PE是看EPS，容易做假。PB是看淨值，比較真實。也可以自行計算個股的CAPE，看看是否還在安全範圍內。

會看財報，運用財報選股，長期持有，是價值投資法。或許賺錢速度稍慢，但長期獲利是非常可觀的。

常見的財報英文縮寫在上一節或本節都已經說明過了，投資人習慣用英文來溝通，讀者要習慣市場通用語言。

# 技術分析和籌碼分析
# 找飆股

找到「投資勝杯」穩賺不賠，大概是每個股票投資者的終極目標了。許多人窮其一生，用盡洪荒之力，就是要設法找到，而找到飆股賺大錢就是其中一項。飆股很難買到便宜的價位嗎？當然很難！飆股是有主力在控盤的。

因為所有投資人的行為、操作策略和商品，共同組成市場。如果每一個人都找到勝杯賺錢，要誰輸錢買單？投資沒有事情是百分百精準的，要如何提高勝率呢？財報是基本功，技術分析和籌碼分析可當輔助工具。

## 技術分析

每支股票的股價，都會歷經四種階段：打底、上漲、做頭和下跌。而且，上漲和下跌的斜率，通常很不一樣；打底和做頭的時間，也大不相同。當我們看一張K線圖時，在畫面上清楚可見，哪裡是高點，哪裡是低點，當然可以買高賣低，勝率100%。不過這是事後諸葛，難的是在當下的判斷。又有誰可以畫出未來三天或三個

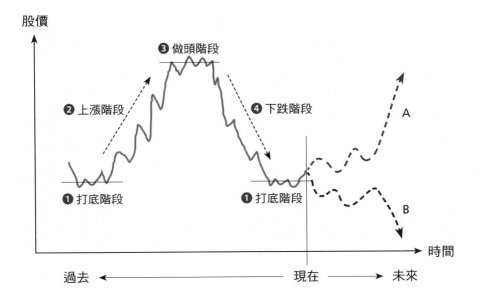

（吳家揚製圖）

月的趨勢圖呢？

我個人最重視「移動平均線」，短線以日K線為主，而中長線就以週K線或月K線為主。當黃金交叉時（SMA4向上穿過SMA13或SMA13向上穿過SMA26），就是買進訊號。當始亡交叉時（SMA4向下穿過MSA13或SMA13向下穿過SMA26），就是賣出訊號。雖然沒辦法買賣在起始點，但賺一個波段是有機會的。舉例，國巨如果出現技術分析死亡交叉時，就要小心了。

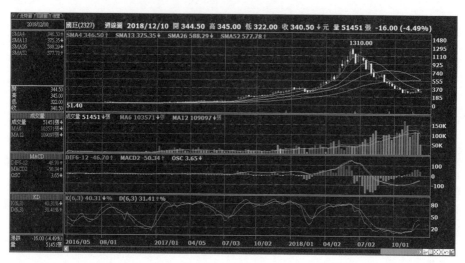

（資料來源：富邦 e01 軟體）

　　股價不斷創新高的就是強勢股，而贏家只買強勢股。紅 K 是開低收高，黑 K 是開高收低，關鍵紅 K 或黑 K，有機會提早扭轉趨勢。反轉吞噬線，是今日紅 K，完全包覆昨日的黑 K，反之亦然。在上漲趨勢中，買紅 K 賺錢的機率大於買黑 K。如果股票「跌到谷底」時，出現反轉吞噬線的紅 K 訊號，也可以提早布局，而不必等黃金交叉出現。

　　至於 KD、RSI 等指標就僅供參考了，我投資時也不看那些東西，那是考試用的。

## 技術分析參考書籍那麼多，怎麼選？

　　市面上談技術分析的書比財報多，因為比較容易寫，抄來抄去也大同小異。書中呈現「型態、K 線、價量」等基本要件，再加上

投資爆賺範例。我認為買任何一本都行，因為都很像，沒有太大的差異。而且會讓你會有錯覺，以為照表操作，就可以很快搬進帝寶了。基本上，技術分析是以短線進出為主，不用看財報的。師傅都「灰熊」厲害，總是會買到飆股從頭賺到尾。

這些書有沒有價值，因人而異。我32年前進股市時，就是先學技術分析，除學校教科書外，市面上並沒有其他類型的書（如財報）可參考。後來，我將這些書全部丟了，因為對我沒幫助。最近又買了幾本技術分析暢銷書來看，即使過了30年，內容依然沒什麼太大差異，這些技巧也沒辦法讓「多數人」賺到錢。

形態學，也是對考試才有幫助。2年多前，師傅就大膽預言股市會崩盤。台股9000點就大聲疾呼要放空，結果不斷地修正說法。現在是邪惡第五波嗎？師傅恐怕連現在是第幾波，都搞不清楚，還要每天重算波浪，日子過得很辛苦。K線，也是。開盤八法、支撐壓力、假跌破真突破、假突破真跌破、騙線、吊人線等等，一大堆說法，放諸四海皆不准。師傅最厲害的是「笑罵由人」無所謂，跟著師傅進出股市心臟要很強。

## 籌碼分析

技術分析有許多騙線，籌碼分析更容易掌握漲跌。而籌碼是白花花的銀子堆疊出來的，不容易做假，而籌碼就是大戶操控個股的基石。

融資維持率＝股價 ÷ 借款金額。舉例100元股票，融資6成，也就是每股可以借60元。融資維持率一開始為 $100 ÷ 60 = 167\%$。但

當股價跌到78元且融資維持率下降到130％（＝78÷60）時，券商會強制賣出股票，俗稱「斷頭」。媒體有時會發出斷頭的警訊，來提醒投資人。如果融資維持率連續一段時間都低於130％以下，表示超跌，有機會進場搶反彈。請快進快出，但宜設好停損。

投信買賣超以金額為主，而非張數。投信買股受到限制，一檔個股占基金總部位的比重不得超過10％。除參考個股財報外，也會分批進場而不會一次買滿。如果投信對單一個股持續買進，越買越多，表示非常看好，可列入追蹤名單。如果投信開始增加防禦性電信三雄的股票，表是看壞後市。中小型股可看投信籌碼，而大型股要看外資和政府基金的籌碼。

減資是近年來的熱門話題，如果有特定買盤介入再加上基本面變好，也會有一大段波段行情，如國巨、南亞科、旺宏等等。經營權之爭也是重頭戲，擁有土地資產但本業不怎麼樣的公司，幾乎一段時間就來一次，例如大同、中石化、農林、台火等等。

另外，「集保戶股權分散表」也是一個好工具。可以查閱大小股東的股權分散情況，自己將資料做圖後，也可以輕易了解籌碼的流向。長期作圖追蹤，可知籌碼流向散戶或大股東，來增加勝算。

集保戶股權分散表

| 序 | 持股/單位數分級 | 人　數 | 股　數/單位數 | 佔集保庫存數比例 (%) |
|---|---|---|---|---|
| | 證券代號：2330　證券名稱：台積電 | | | 資料日期：107年12月07日 |
| 1 | 1-999 | 144,821 | 31,277,954 | 0.12 |
| 2 | 1,000-5,000 | 150,656 | 306,251,413 | 1.18 |
| 3 | 5,001-10,000 | 24,497 | 176,882,450 | 0.68 |
| 4 | 10,001-15,000 | 9,208 | 112,616,584 | 0.43 |
| 5 | 15,001-20,000 | 4,383 | 77,111,282 | 0.29 |
| 6 | 20,001-30,000 | 4,676 | 114,290,715 | 0.44 |
| 7 | 30,001-40,000 | 2,213 | 76,804,423 | 0.29 |
| 8 | 40,001-50,000 | 1,409 | 63,509,790 | 0.24 |
| 9 | 50,001-100,000 | 2,704 | 189,738,928 | 0.73 |
| 10 | 100,001-200,000 | 1,591 | 221,105,681 | 0.85 |
| 11 | 200,001-400,000 | 1,018 | 283,930,131 | 1.09 |
| 12 | 400,001-600,000 | 398 | 194,966,365 | 0.75 |
| 13 | 600,001-800,000 | 281 | 195,146,676 | 0.75 |
| 14 | 800,001-1,000,000 | 187 | 166,997,032 | 0.64 |
| 15 | 1,000,001以上 | 1,447 | 23,719,751,034 | 91.47 |
| | 合　計 | 349,489 | 25,930,380,458 | 100.00 |

（資料來源：公開資訊觀測站→基本資料→股權分散表）

# 五線投資法

　　我在20多年前剛工作進入高科技業時，因為製程技術非常嚴
謹，需要用SPC（Statistical Process Control）來控制製造過程。
當生產過程處於統計控制狀態，會有穩定的隨機分佈；當過程異常
時，就是失控狀態，統計分佈將發生改變。對生產過程隨時監控，
根據反饋信息即時發現異常，並採取措施消除其影響，使過程維持
在受控狀態，以達到控制產品品質的目的。

　　舉例：每個製程參數都有一個規格，當被觀測的參數的平均
值，加減一個標準差，再加減二倍標準差，就有五條線。如果超過
規格（就有七條線），就要報廢。通常落在區間3或5以外，一定要

119

做動作改善製程，而區間2～4是合理的波動範圍。每個製程的嚴謹度和要求可能會不同。

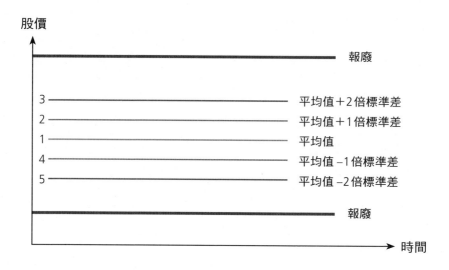

（吳家揚製圖）

如果將這些數值，變成股價，一樣可以畫成五條線（或七條線），平均值用「收盤價回歸曲線」取代，就是「五線（或七線）投資術」。一點都不難，軟體也會幫你畫出來。如果股價向上突破合理區間，表示可能要發動漲勢。如果股價向下跌破合理區間，表示可能要發動跌勢。合理區間就是移動平均價。當你有這些基本想法後，只要股價落在2～4或3～5之間（看自己需求），就不用太擔心。碰到5就買進，碰到3就賣出。如果3和5很接近上下合理區間時，擔心買太早或賣太早，就稍待片刻，等待局勢明朗後再採取行動。這是一個簡單的方法和工具，可供參考。

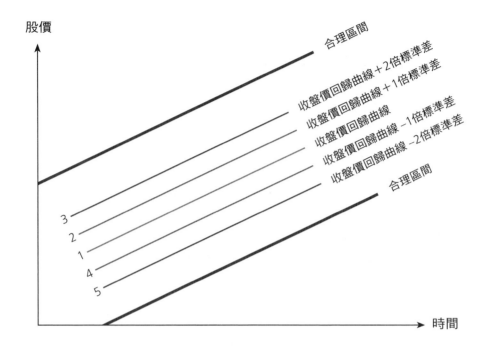

股價

合理區間

收盤價回歸曲線＋2倍標準差
收盤價回歸曲線＋1倍標準差
收盤價回歸曲線
收盤價回歸曲線－1倍標準差
收盤價回歸曲線－2倍標準差

合理區間

3
2
1
4
5

時間

（吳家揚製圖）

　　將高科技產品的「整體良率」提升，一直是我過去的主要工作內容。股票的每個指標和分析技巧，都有限制性，如何將一些指標內化成自己的投資心法？沿用過去科技業和企管的技巧，將「股票勝率」提升，是否可行？答案是YES，但是目前還在修練中。

　　每個人，都可以將自己的工作或生活經驗，跨領域應用在投資上，看會不會產生新的看法或領悟。如果可以，那用投資來賺錢，就相對輕鬆許多。

# 台股萬點投資法

這次台股曾站穩萬點 500 天以上，究竟萬點是高還是低？是起漲點還是災難的開始？套用《哈姆雷特》內的金句「To be or not to be, that is the question」（生存還是毀滅，這是一個值得思考的問題），也不會讓人太意外，因為行情就是令人困惑。

2017 年 5 月台股站穩萬點後，我當時的看法就是：「萬點是台股的常態，也是起漲點，萬點以下伺機找買點」。8 月到扶輪社分享投資「台股萬點投資法」，幾位社友們聽完感觸很深，因為他們聽從師傅的建議，從 9000 點開始放空甚至一路加碼「元大台灣 50 反 1（00632R）」。我好奇地問事業有成的社會賢達：「你比他有錢，他也無法證明投資績效有多好，是什麼讓你要聽他的？」

「是什麼讓你要聽他的？」在資訊氾濫的時代，要常有這樣的自我提醒。投資一定要加上自己的判斷，謀定而後動。回到台股萬點投資這個議題上，有必要放在全世界的政治經濟局勢下和台股的歷史來看，會比較客觀。

# 世界錢太多，投資人不怕黑天鵝

　　每年第四季，研究機構就會發表隔年全世界重大的政經局勢，包括央行政策、政黨選舉、地緣政治，回顧與展望。這由這些歷史資料和研究報告，投資機構會開始沙盤推演，預測最佳和最差的落點來擬定投資策略。如果事件不在預設範圍內，才是黑天鵝，才可能造成重大股災。試想：最近幾年，哪件事不在沙盤推演的範圍內。英脫歐，利空兩天就反應完了；川普當選，利空一天就反應完了。所以末日博士魯比尼很困惑：「為何現在的投資人，都不怕黑天鵝？」

　　從2008年金融海嘯後，美國開始大規模印鈔救經濟。柏南克用直升機撒錢的策略奏效，將美國經濟從急診室先拉回普通病房。四大央行美中日歐也效法「QE forever」這種特效藥，印鈔先將經濟救起來，至於副作用以後再說。

　　從2015年12月起，美國聯準會進入升息循環。以美國目前縮表的速度，10年之內也無法完全回收QE印出去的錢。更何況，中日還繼續印鈔票，歐洲央行對QE退場還沒有具體動作。全世界還處於低利率或實質負利率的時代，錢還是太多，好企業如蘋果等，為了增加營運子彈和運用節稅策略，繼續發債換現金。

## 高手和散戶的差別

　　所有投資標的都有「價值」和「價格」的區別。最好投資「價

值趨勢向上」的標的，價格則是隨著市場的狀況而波動。好比「主人與狗」的故事一樣，主人就是「經濟基本面或價值」，而狗就是「股市或價格」。主人帶狗出去散步，「有時狗跑在主人之前、有時在後、有時在旁」。所以只要看懂基本面，並不需要過度驚慌。

## 巴菲特 VS 索羅斯

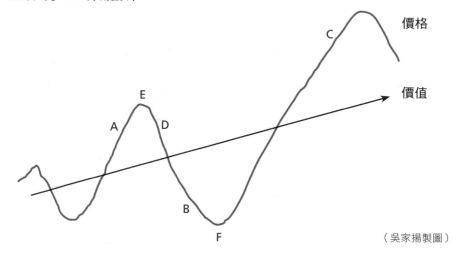

（吳家揚製圖）

　　將錢投入投資市場時，到底要用甚麼心態？投機交易還是資產配置？在投資市場有兩個大家耳熟能詳的指標性人物，他們鮮明的操作風格，可以提供我們對照，思索自己的因應之道。

　　第一個是善於等待市場非理性膨脹，從小泡沫漲成大泡沫，然後精準地在「泡沫破滅前兆」大舉放空獲利的金融巨鱷索羅斯，他被歸為「投機交易」的代表；另一位則是敢於敢於危機入市，趁低價承接一路往下買進好標的，再等市場回春獲利的股神巴菲特，他被歸類於「價值投資」的代表。

是投機交易型還是價值投資型，這沒有絕對的好或壞，也無所謂的道德問題，純粹就是個人特質。這兩位人物大家都不陌生，我們再來熟悉一下。索羅斯常常買太早（A）賣太早（B）。巴菲特也常常買太早（B）賣太早（C），如果不是他的核心持股的話；如果是核心持股，則是B買進並長期持有。我們散戶，則是買太晚（D）賣太早（B），撐不過一個循環，錢都被索羅斯和巴菲特賺走了。

## 要往前看？還是往回看？

《證券分析》這本聖經，是巴菲特老師班傑明葛拉罕和大衛陶德的巨著，「價值投資型」的投資人都應該要讀的一本書。書中提到：「1951年春季，道瓊工業指數約250點。自1896年道瓊成立以來，總有某些時間低於200點。葛拉罕建議唯一在他手中拿到A＋的得意門生巴菲特，要等到低於200點再投入才有利。巴菲特拒絕恩師的建議，因為那一年起，道瓊根本沒有回到200點的水準。如果當時我有1萬美元而選擇不投資，我現在依然只有1萬美元的資產。」

「師傅在講你有沒有聽？甩筆！」這是師傅慣用的台詞和動作，他們總是能精準地賣高（E）和買低（F），一天可賺2000萬元或一週可賺2億或日賺100倍（還以此為FB或Line的招生廣告，幾乎每日大放送），比索羅斯和巴菲特厲害許多。還好老師講的，巴菲特都沒在聽。

如果從過去的歷史來看，股市的確在高點。但如果從未來回頭看，股市在高點還是低點呢？道瓊26952點（2018年10月3日）、

德國13597點（2018年1月23日）、印度38990點（2018年8月29日）、巴西96396（2019年1月18日），都創下金融海嘯後新高紀錄，經濟活動各國都還在復甦成長中，尤其是美國。全球主要股市，只有日本和台灣尚未創新高。如果經濟基本面結構完全改變，就不可能回到過去。現在已經是AI時代，不可能回到農業社會了。所以，未來的評價標準，就不能用過去的經驗，否則像葛拉罕這樣的投資高手也會完全看走眼。

## 現在適合做多還是做空？

台股結構性改變：1990年台股創12682歷史新高，當時台股可能不到400檔；現在高點11270點，台股有1600多檔，規模完全不同。當時沒有世界級的公司，現在有（台積電、鴻海、大立光）。當時是散戶盤，現在是法人盤。當時充滿樂觀，現在充滿悲觀。

「牛市在悲觀中出生、在懷疑中成長、在樂觀中成熟、在歡愉中死亡。」我相信總經學家的預測、台股結構性的改變、資金流入台灣，來綜合研判：長期趨勢向上，但價格波動會越來越激烈。

2019年世界景氣依然成長雖然可能趨緩，地緣政治也常有風險，但因為錢太多，有些股市還是可能持續創新高。投資人對黑天鵝無感，一有風吹草動，或許股市瞬間大跌，但過剩和充沛的資金，很快就將跌幅填補並拉抬向上。美國肥咖條款和CRS（共同申報準則Common Reporting Standard for Automatic Exchange of Financial Account Information in Tax Matters）以及中美貿易衝突下的台商回流，將世界的錢進一步「逼進」台灣。

　　此外，Jackson Hole全球央行年會議也是一個很好的觀察重點。此會議源自於1978年，集結各主要國家的央行總裁與官員、諾貝爾經濟學獎得主、經濟學者、政府官員、金融市場參與者與媒體從業人員齊聚一堂，探討重要的經濟與貨幣政策。2018年8月23日Jackson Hole會議的主題是「變化的市場結構及其對貨幣政策的意義」，聯準會主席鮑威爾在年會上說看不到「destabilizing overheating」（導致不穩定的經濟過熱）現象，暗示溫和的緩步加息策略會維持下去。這種溫和的政策立場直接刺激投資者信心，美股在鮑威爾講話之後，S&P500與NASDAQ紛紛創下歷史新高，且這個波段漲到十月初才停止。

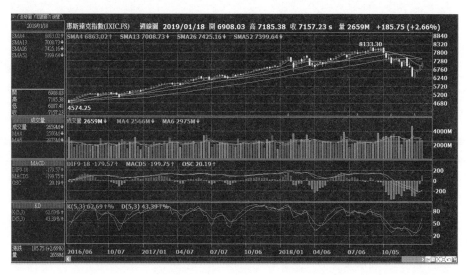

（資料來源：富邦e01軟體）

## 從5000元開始，以小錢搏大錢

　　若暫時不想投資台股，證交所還有上百檔ETF可投資全世界，綁好安全帶，冷靜而客觀的投資。對保守型的投資人比較好的策略是：中長期還是做多，但短線可考慮觀望（或做空）。恐慌指數VIX的波動比00632R大，適合短線投資人進出，當然風險和獲利都同步放大。

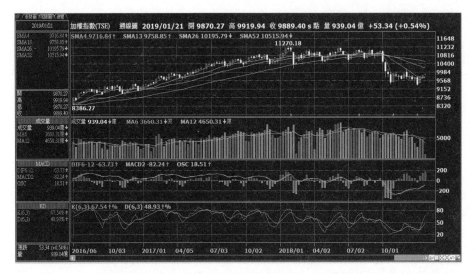

（資料來源：富邦e01軟體）

　　2018年10月9日還有10467點，10月11日台股隨國際股市大跌661點而跌破萬點。從2017年5月23日收盤站穩萬點到2018年10月10日止，已站穩萬點511天。2019年1月2日開紅盤後再連跌3天，至今依然是橫盤整理格局。「最長的萬點行情」前後日期，也曾多次觸及萬點，只是沒站穩。「若世界股市現在是熊市」，巴西股市三天兩頭頻創新高，這是不可能發生的。只要道瓊繼續大跌，台股就有下探的空間。反之，若道瓊大漲，台股也會隨之反彈。

　　我的推論很簡單，過去幾年來都沒變，見證各國股市持續創新高。未來也不會改變，除非我關心的大盤指標已經改變。市場雜音不少，師傅太多，不要和央行對做。短期波動會加劇，畢竟已經漲10年了。「MSCI全球股票指數、美國10年期公債利率、美元指數、席勒本益比CAPE、VIX」等等指標的表現、大師們的言論和全球四大央行的作為，目前都還沒跡象顯示金融危機會「忽然」降臨。等到金融危機真正降臨時，再來擔心就好，用衍生性金融商品來操作或避險就可以了。

# 遠離魔鬼的誘惑，
# 小心股票被出貨

我老公不會玩股票」，蘇嬙怒氣沖沖的抱怨先生。「問題是，他不會玩又愛玩，跟什麼師傅聽冥牌，結果賠了一屁股」，蘇嬙越說越生氣。

蘇嬙的故事大家應該不陌生，常有人誤聽明牌而在股票市場中慘賠，然後再聽信師傅讒言之後，就從股市畢業。為什麼要搞得這麼複雜呢？大家都知道投資要做功課，但也常誤以為做功課就是聽師傅佈道，結果越認真越把自己搞得狼狽不堪。

## 師傅能讓人賺錢嗎？

市面上不乏熱心助人的師傅，要讓大家上天堂，從此過著不用上班，家庭幸福美滿快樂的日子。他們自己的江湖封號也很驚人，課堂內「保證」學員賺到手抽筋，還會請投資年資菜鳥級學員，分享「賺爆」然後就享受財富自由的橋段。

大家要知道：「短期內賺到大錢，一定有歷史背景和個人因素，不是我們甚至是當事人可以隨時隨地複製的」。師傅授課內容不外乎

是基本原理ABC，而非曠世絕學的武功祕笈，例如「開盤八法」之其中3招，或簡單入門的技術分析，最多87分也不能再多了。

即使課後加入更昂貴的會員制或買程式來交易，上完課後一樣讓你繼續賠，為什麼呢？因為有些師傅兼具出貨任務；而你對購買的程式內容和運作原理一無所知，也不知後台何時會送出甚麼資料要你進出場交易。

一流師傅「盤後」解盤時，都說已經通知「賣E買F」，讓VIP會員從頭賺到尾。二流師傅都說一流師傅是騙人的，不可能那麼神準，所以「賣D買B」，賺到大波段，就很厲害了。而實際情況是，師傅不分等級，最後都會讓你「買E賣F」大賠或住進總統級套房。

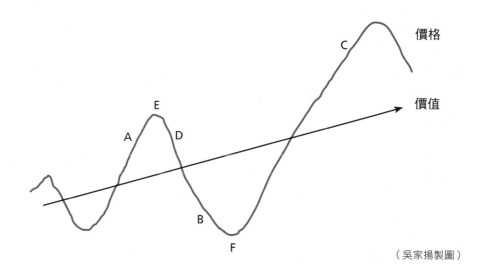

（吳家揚製圖）

台灣是內線交易的天堂，刑罰很輕。「漢微科併購內線交易案，女主角輕易過關獲不起訴」，這種例子不勝枚舉。我們散戶只有「被內線」的份，成為最後一隻不幸的笨老鼠。所以不要心存僥倖，以

為那些師傅可以讓你賺到錢。

# 投資高手起手式

　　現代投資組合理論先驅，1952年諾貝爾經濟學獎得主馬可維茲（Harry Markowitz），提到資產配置（Asset Allocation）這個名詞。後來有些學者統計出，長期投資賺錢：「有95％來自好的資產配置，只有5％來自其它」。這裡的資產配置包含房地產、股票基金、外匯、REITs、債券和原物料等等，是以自己的人生財務目標為主的投資標的。少數只有5％，可能是技術分析的高手。而要自問，自己是否屬於頂尖5％那群人？

　　要勤作筆記，也要常追蹤師傅的說法。許多師傅經不起時間考驗，會刪除自己部落格或粉絲團的留言和紀錄，但很不幸的曾被媒體轉載而無法消除者，就留下證據變成大笑話。但他們很容易忘記這些事情，如果你上過一次大當，保證終身難忘。

　　還有些師傅主張，台股9000點以上要空手。如果他們真的這樣做，這上萬點的500多天可能很難熬。尤有甚者，進一步主張放空者，這些人大概都慘賠躲起來療傷了。師傅是靠「教投資股票課程」、「賣程式」或「吸收會員」來賺錢，而不是靠「投資股票」賺錢。要了解他們，才不會被誘導。

　　目前低利的情況之下，對投資預期不宜太高，避免不必要的風險。長期年化投資報酬率6％，已經打敗8成的基金經理人。因為我們的投資金額少，受到的限制少，或許可適當提高到10％以上。追求高報酬，就要冒風險，也要投入更多的時間和精力。

# 投入股市要做足功課

　　證券價格的波動是隨機的，價格的下一步是漲是跌沒人知道，且股票價格受到多方面因素的影響，這就是「隨機漫步理論（Random Walk Theory）」。要知道，高手的投資策略是不會輕易透露的。如果大家都知道也效法，那績效就會被瓜分，將不會有超額利潤，而變成市場平均值。

　　有些師傅常曝光大談投資策略，要知道同樣的說法做法，數十年都沒更新，也是一件很可怕的事。世界政經局勢如此詭譎多變，他們抱著以前「成功的經驗」去誤導別人？這也是我們要謹慎思考的。

　　投資要做功課，要多讀好書。好的書籍是高手的心路歷程，不斷地檢討投資策略和心理素質。我們也可以藉由別人成功或失敗的經驗來獲利。好的書籍通常也不會直接告訴你，何時要買哪一支股票？用多少價位？而是藉由不斷的讓我們思考，最後讓自己做出好的投資決策。

　　參加研討會也是做功課的一種方式。如果你經年累月，不斷看書學習，再加上研討會或投資論壇的洗禮。一段時日後，那些師傅在『裸泳』你也會一目了然。另外，進「專業課堂」學習最基本的原理原則，也是必做的功課。學習財報、技術分析、總體經濟、產業分析等等，會讓投資更上手。

　　好的投資者要花不少時間在看書、學習和思考上，沒有例外，這也是巴菲特的教導。史上偉大的投資者都是如此，所以他們賺很多錢也是應該的。如果我們還用錯誤的方法做投資，顯然錢是不夠

賠的。賺到錢時以為自己很厲害，其實是運氣好，當好運用完了，悲慘的事就會降臨。如果你要在短期內要賺到大錢，基本功實在不可少。

## 投資要定期關心績效

「停利不停損，繼續定期定額扣」，「要認賠停損，留得青山在，不怕沒材燒」，這類說法在市場上會常聽到。對或錯，取決於投資的標的、時間長短、信用槓桿和口袋深度，沒有絕對。好的投資績效，是在我們預期範圍內，達到預期結果。好的標的買進並持有，直到公司或產業的基本面變差候才賣出，前提是投資「長期價值趨勢向上」的好公司。

投資，要考慮「機會成本」和「投資報酬率ROI（Return of Investment）」。股票輸錢的原因，不外乎：聽信謠言、買太貴、賣太早和沒有紀律。我們要隨時關心投資標的，不必在乎短期的波動，更不用頻繁交易。師傅的訊息，通常是落後指標。而投信認養的股票，也常讓投資人血本無歸，要警醒。

若是要投入股票，財報上至少要看到EPS、ROA、ROE、營收、毛利率、利潤、現金流量等等項目，而這些項目至少要有十年上的紀錄。用簡單的方法，去更新和記錄這些財報數字。在過程中，隨時可以加入我們想要的訊息，做進一步分析。我們需要更多的資訊，綜合研判進出場時機，來賺到合理利潤或甚至是超額利潤。

# 股權投資——
# 投資未上市櫃股票

眾多投資機會中，「股權投資」有高風險、高報酬的特質，有如21世紀版的淘金記，締造許多傳奇故事。而平凡人如你我，要如何從中淘寶呢？

「股權投資」就是投資未上市櫃股票的意思，軟銀集團董事長孫正義，因投資阿里巴巴，而成為當今日本首富。馬化騰因2004年6月16日騰訊在香港上市，股價一路飆升且市值曾經達全世界第5大，而成為中國新首富。而南非米搭得國際控股集團在十七年間透過騰訊股權投資，獲利超過1700億美元。

有錢人會玩的金錢遊戲：股權投資。那我們一般人，要怎麼做？

## 財富六等級

先來看一下財富金字塔，世間人財富可以大略分為六等級：

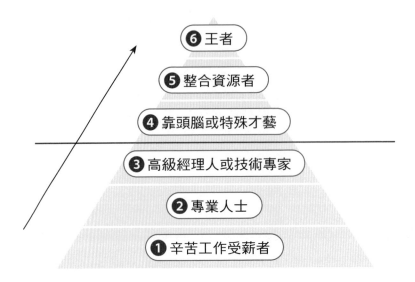

（資料來源：https://books.google.com.tw/books?id=0YCZAgAAQBAJ&pg=PT91&lpg=PT91&dq=%E8%B2%A1%E5%AF%8C%E7%AD%89%E7%B4%9A&source=bl&ots=wqWeTEZX_p&sig=TtvfMIZ2g3aMhcXr2GVcSeMic6o&hl=zh-TW&sa=X&ved=0ahUKEwiyvYOQicHbAhVF57wKHcyNCZM4ChDoAQhFMAQ#v=onepage&q=%E8%B2%A1%E5%AF%8C%E7%AD%89%E7%B4%9A&f=false，吳家揚整理）

　　大部分的人，終其一生都屬於階級 1 和 2，運氣好或夠努力的少數人會到階級 3。從階級 1 到 2，財富翻個 2 倍到 3 倍。從階級 2 到 3，財富再翻個 5 倍到 10 倍。一般人，通常在階級 3 就到頂了。

　　階級 4 為有天份的表演者如電影演員或天王歌星、職業運動員、藝文界名家、各行業大師等，有個人品牌。階級 5 為各行業企業主和經紀人，整合和分配資源，可以從中端走最大利潤。例如投資銀行經紀人、上市櫃公司老闆、股權投資者、股票發行機構等等。而階級 6 為政府或商業大亨、各行業霸主，少數行業大師中的大師。他們為整合和分配資源者，靠無形資產賺錢，制定遊戲規則，讓別人遵守。

　　階級越高，財富等級越高，人數越少。基本上，階級1到3都必須要附著在公司體制下，為資本家打工。階級4以上，可為自己打工或提供機會給別人，賺錢速度會令人眼紅，且財富是階級3以下難以望其背的。前1%富豪，掌握全球80%以上財富。

## 公司釋股過程

　　公司可能會經歷幾個發展階段：1.公司創辦人Fonder→2.尋找共同創辦人Co-Funder→3.天使投資人Angel Investor→4.創業投資Venture Capital→5.私募Private Equity→6.投資銀行Investment Banking→7.初次公開募股Initial Public Offerings。

　　釋股過程為：步驟1.創辦人擁有原始股權，發行A股數每股a美元，100%為公司控股。經過一段時間市場運作後，步驟2.以公司x%股份給投資客融資X元，溢價發行B股數新股每股b元，將X元與其他公司建立幾家新工廠擴大生產。步驟3.發行Y新股給每位股東，擴大股本消化步驟2的溢價。雖然原始股東的股權百分比下降，但財富是增加的。重複步驟2和3，經過幾輪募資和資本市場的運作之後，各階段投入的投資人，理論上都會獲益。

　　每個階段，都要有投資人買單，認為公司的估值是合理的，股價才會越墊越高，也才能吸引下一隻老鼠。印股票，換鈔票。最後就準備IPO，釋股給投資大眾了。

## 從5000元開始，以小錢搏大錢

| 階段 | 稀釋股權<br>（％） | 融資<br>（單位為百萬） | 估值<br>（單位為百萬） |
|---|---|---|---|
| 1 | 0 | | |
| 2 | 10 | 10 | 50 |
| 3 | 10 | 25 | 125 |
| 4 | 10 | 100 | 500 |
| 5 | 10 | 250 | 1250 |
| 6 | 10 | 600 | 3000 |
| 7 | 20 | 2500 | 5000 |

（釋股與融資和估值示意圖，吳家揚製表）

新創公司，沒沒無聞缺錢缺人時，創辦人可能常常要跑銀行3點半。到創業資本快燒盡時，要盡快找到新資金，或有興趣的共同創辦人一起來經營公司和燒錢。這時出資者，不外乎是3F（家人Family、朋友Friends和笨蛋Fools）。隨著公司慢慢有起色，創辦人會陸陸續續在公司不同發展階段，找到不同類型的投資者投入資金。創辦人的股票持有成本最低，隨著公司成長而營運風險越來越小，當然股權價格也會越來越高，而最後IPO時的股價最高。

每個階段都有專業人士或專業公司，評估後而投入資金。如果對公司有信心，越早投入成本越低，但投資風險也最高。一般人有機會介入的時機點為：AG、VC和PE這三個階段。如果有機會撐到公司IPO，獲利20倍應是基本的收益（通常是指股票無面額的公司），當然公司的「本夢比」也要夠高才行。每個階段的專業投資人，在公司找到下一輪新的投資者時，可能就賣掉股權落袋為安，而繼續尋找下一個投資目標。（資料來源：https://www.scooptw.com/finance/economics/9943/）

# 人無股權，不富！

在資本市場上，常會看到一夕致富的傳奇，例如FB、Apple、Amazon、Tencent、Alibaba等股票上市日，創造許多億萬富豪。在傳統思維裡，需要幾十年甚至好幾代的努力，才有可能累積大筆財富。但，如果找到一個有潛力的公司去投資的話，賺大錢這件事就會變得不再遙不可及。

上班族要翻轉財富階級，透過股權投資是有機會在短時間內賺到大錢的。股權投資是一種私募的形態，所以透明度低，被騙上當的機率高。如何分辨和評價？

從公司成立後，股權就產生了。到公司上市櫃，快則3年，慢則遙遙無期。如何做到「辨識機會、投入資金、機會成本管理和退場機制？」這就是要做的功課，避免錢卡住動彈不得。投資是一門學問，主要是要投資「公司創辦人」這個人，其次才是商業模式。先找對的人上車，人對了，即使商業模式或產品不對，也可以及時調整修正。

原始創辦人，最好是找有創業成功經驗者，也要有優秀的團隊。活超過5年的新創公司，機率不到5％，且還不一定賺錢，只是還沒收起來而已。商業模式越簡單越好，不管是AG、VC、PE或IB，他們都是專業的，錢也夠多，可以忍受100個投資案中95個失敗，只要有5個成功，就可以海撈一筆賺大錢。但我們沒有專業和那麼多的錢，所以如果投資到一個爛的案子，可能就血本無歸了。

我們個人若要投資，就要投資有聲譽的創辦人，要投資生意簡單和有現金流當護城河的公司，公司至少要活超過10年，且要有

盈餘且公司展望前景佳。要投資有良好價值觀的公司，購買它的股權，流通性良好可以隨時進出，才會比較令人安心。

# 未上市公司哪裡找

市面上很多神祕的股權投資說明會，多聽可以增廣見聞。有些人，拿了一個爛的商業計畫書，就開始賣股權了，要小心。說明會聽多了，也可以分辨是否為詐騙。

另一種簡單的做法，就是Google找「未上市櫃股票」去研究，這些股票比較接近IPO，雖然價錢較貴但風險較低。選股標準與一般上市櫃股票相同，只是流動性差，要有變現不易的心理準備。像台北101或集保公司的股票，都是很好的投資標的，只是買不到或很難買到而已。

很高興2003年隨著經濟部MMOT專案計畫到美國學習，有機會到矽谷參訪橡子園創投育成中心。華人投資巨擘林富元先生也是共同創辦人之一，他對我們上的「股權投資」這門寶貴功課，至今對我還是受益無窮。讓我對資本市場的運作，有一些基本的了解。

參與股權投資有兩種方式，一種是當公司員工，另一種是當公司股東。如果只當股東的投資者，要可以掌握公司的財報和產業競爭力，也要實地勘查公司的狀況後，才投入資金。如果當「好公司」員工者，就趁增資認股的機會，多認購一些。待公司IPO後，都可以大賺一筆。如果投資未上市公司股票，最後變成壁紙或上市櫃遙遙無期，表示我們是3F中的笨蛋，也是自找的。張大眼睛，好好挑股票吧，財富就在不遠的將來等著我們。

# 基金操作策略

不會看財報、不會技術分析、不會用籌碼分析來買股票，也沒時間、沒有能力研究投資案，這樣的「三不兩沒」族群只好將主動權交給別人。對這樣的人，共同基金或ETF是一個很好的選擇。

國人口中的「基金投資」多半指的是共同基金，而ETF也具基金性質。共同基金是主動式基金，而ETF是被動式基金，兩者間最大的差別在於持有費用。

和個股相較，基金相對保守，好處是不會有選錯個股的風險。但如果是以海外投資為主的基金，則會有匯率風險，也因沒有漲跌幅限制，飆起來和跌下去的速度也很驚人。

基金選擇方式相對單純，也因此許多懶人投資法孕育而生，還有一些策略運用，例如定期定額、定期不定額、不定期不定額、單筆加碼、金字塔買進、倒金字塔賣出，停利和停損。現在基金公司，也提供自動化交易系統，只要設定好，一切就輕鬆搞定。

## 依需求選基金

基金可分「累積型」和「配息型」兩種。配息型是投資收益會

按約定時間配息，如年配或月配等。配息會有再投資風險，就是自己操作績效比基金經理人差的意思。且配息有可能來自本金，不會有複利效果。累積型，就是不配息，獲利滾進本金繼續投資。累積型或配息型，各有優缺點，看自己的需求而定。

基金公司為了行銷，開發出「前收型A股基金」和「後收型B股基金」兩大類商品。B股基金實收費用會比A股更高，更不利於長期持有，所以至少要選A型的基金。

基金有分全球型、區域型、股票型、債券型、高收債、科技基金、生技基金、原物料、REITs（不動產投資信託受益證券）、ETF、貨幣型、期貨信託、多元貨幣、多重資產等多種型態，也有不同的風險等級。青菜蘿蔔各有所愛，投資人宜增大眼睛好好看清楚再下單。

投資人所需要的，就是找到投資績效良好的經理人和大型聲譽良好的基金公司來投資，可避免不必要的風險。基金的成交量要大，比較不會有流動性風險。

基本上，「主動型基金」的經理費用2%～5%，會比「被動型基金ETF」如0050等高許多。長期而言，絕大多數的主動型基金的經理人績效，是無法打敗ETF的，所以巴菲特大力推薦ETF。如果你「拿到的」投資績效，遠不如基金公司「聲稱的」投資績效，表示已被高額經理費或其他隱性費用吸乾，這時就要換基金或換買ETF。

## 要看懂的指標

　　投信投顧公會公佈「基金風險報酬等級分類標準」係依基金類型、投資區域或主要投資標的／產業，由低至高，區分為「RR1、RR2、RR3、RR4、RR5」五個風險報酬等級。分類基於一般市場狀況反映市場價格波動風險，無法涵蓋所有風險，不宜作為投資唯一依據。風險報酬等級RR1最低，RR5最高。

　　另外，年化標準差、夏普值、貝他係數（$\beta$係數）、$\alpha$係數、平均報酬率等，也是購買基金必看指標。標準差越大，基金淨值波動大，風險越大。標準差的值，最小越好。夏普值是：承受每單位風險所得的報酬，越大越好。$\beta$係數：個別基金受整體市場影響的程度。$\beta > 1$表示基金波幅較大盤大，相對市場漲跌較大，$\beta < 1$基金波幅較大盤小，相對市場漲跌較小。$\alpha$係數：基金經理的管理績效評估，越大越好。成立時間越久越好，會經歷過多次的金融風暴及景氣循環等考驗。資產規模越大越好，比較不易因大量的贖回潮遭清算。

　　應金管會要求，買基金前要先評估投資屬性，了解自己是屬於積極型、穩健型，還是保守型的投資人。未來投資時，可以選擇適合自己投資屬性的基金。如果是保守型的人，RR5的商品無法購買，必須重新評估屬性，分數到了才能購買。

　　由報酬率Y軸和標準差X軸，所構成的「風險報酬象限圖」，一個很視覺化的圖，可以很輕易分辨風險等級和「掛羊頭賣狗肉」的基金。

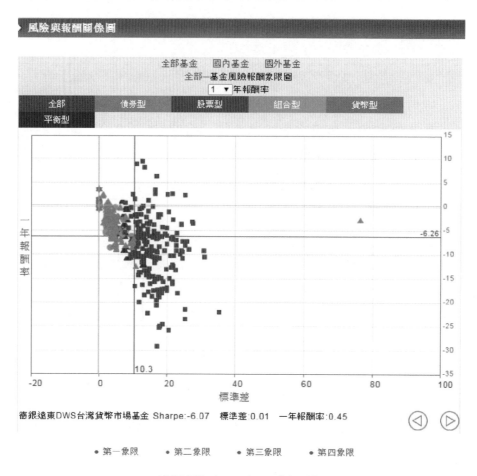

（資料來源：https://invest.fubonlife.com.tw/w/scatterlife.djhtm）

# 淨值趨勢圖

一、微笑曲線型SMILE：只要你可以經歷一個完整的產業循環，或許2年到5年，基本上就是可以投資的標的。

SMILE投資術，簡單又好用，但你真的可以撐過一個循環嗎？

定期定額不停扣，甚至要違反人性大舉加碼，也不容易做到。2008年金融海嘯來臨時，許多人不但停扣，甚至賠大錢贖回。後來基金淨值反彈而別人有獲利時，基本上已經和你無關了。

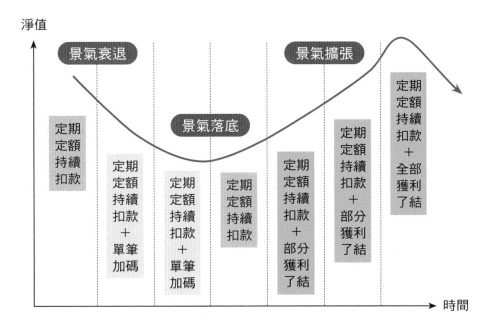

（吳家揚製圖）

　　二、趨勢向上型：無論何時，無論採取甚麼策略，都很容易賺到錢。

　　三、橫盤整理型和趨勢向下型：橫盤整理型只要振幅不大，無論採取甚麼策略和怎麼扣款，可能都無法克服大筆的費用，建議少碰。趨勢向下型，如果看不到曙光，建議認賠出場另起爐灶。例如失落的日本基金，會先讓你套牢20年以上，直到最近3年才有機會解套，損失機會成本。

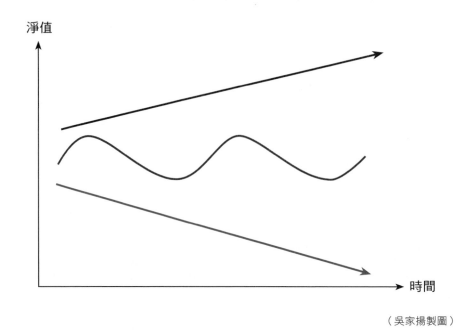

（吳家揚製圖）

# 4433 法則

　　建議先用幾個步驟選出適合自己的基金：1.衡量財務狀況及風險的承擔程度；2.選擇自己較為熟悉或看好的市場；3.選出長期績效穩健、公司形象優良的基金；4.進一步比較各種費用。

　　如果沒有能力做產業研究，也搞不清楚總經情況，不知到底要買甚麼比較好時，就這樣做吧，反正大家都一樣。4433是大家都熟悉的法則，台大教授們研發出來的方法。第一個4：一年期基金績效排名在同類型前四分之一者。第二個4：兩年、三年、五年期及自今年以來基金績效排名在同類型前四分之一者。第一個3：六個月績效排名在同類型前三分之一者。第二個3：三個月績效排名在同類型前三分之一者。

基金網頁上，也幫我們篩選好了，還區分海內外，真是佛心來的。挑到投報率前幾名的基金買進，這也是一種方法。（資料來源：https://www.moneydj.com/funddj/yp/yp081 008.djhtm?A =0&B=Y&ff=1&RR=）

## 操作策略

### 2005-2017 各類型資產年度報酬率

| 2005 | 2006 | 2007 | 2008 | 2009 | 2010 | 2011 | 2012 | 2013 | 2014 | 2015 | 2016 | 2017 | 年化報酬 | 年化波動度 |
|---|---|---|---|---|---|---|---|---|---|---|---|---|---|---|
| 日股 43.50% | REITs 42.35% | 新興股 36.48% | 公債 10.89% | 台股 78.34% | 東協 24.50% | 新興債 7.35% | REITs 28.65% | 日股 51.46% | REITs 15.89% | 日股 9.93% | 高收益 18.27% | 新興股 34.35% | 高收益 7.63% | 日股 22.4% |
| 新興股 30.31% | 東協 37.58% | 東協 30.68% | 投資級債 7.15% | 新興股 74.50% | REITs 20.40% | 公債 6.35% | 日股 18.01% | S&P500 29.60% | S&P500 11.39% | 現金 4.25% | 台股 10.98% | 東協 29.06% | 新興股 7.62% | 歐股 22.12% |
| 歐股 21.27% | 新興股 29.18% | 商品 16.74% | 現金 1.29% | 東協 64.92% | 商品 17.44% | 投資級債 5.74% | 新興債 17.44% | 全球 20.25% | 日股 8.08% | 歐股 3.85% | 新興債 10.15% | 全球 21.62% | 東協 6.63% | 新興股 19.82% |
| 商品 16.88% | 台股 19.48% | 公債 10.95% | 新興債 -12.03% | 高收益 58.90% | 新興股 16.36% | 高收益 5.73% | 高收益 16.20% | 歐股 17.95% | 台股 8.08% | 新興債 1.18% | S&P500 9.54% | 日股 19.69% | REITs 6.55% | S&P500 18.87% |
| REITs 15.35% | 全球 18.78% | 全球 9.64% | 高收益 -26.83% | REITs 38.26% | 高收益 15.05% | S&P500 0.00% | 東協 15.95% | 台股 11.85% | 投資級債 7.89% | 投資級債 0.90% | 商品 9.21% | S&P500 19.42% | S&P500 6.28% | REITs 18.63% |
| 新興債 10.25% | 歐股 15.12% | 台股 8.72% | 商品 -36.01% | 全球 31.52% | S&P500 12.78% | 新興股 -0.26% | 歐股 13.79% | 高收益 7.43% | 新興債 7.43% | REITs 0.05% | 新興股 8.95% | 台股 15.01% | 全球 4.64% | 台股 18.34% |
| 全球 8.83% | S&P500 13.62% | 歐股 6.79% | S&P500 -38.49% | 新興債 29.82% | 新興債 12.24% | REITs -5.82% | 全球 13.44% | REITs 4.39% | 東協 3.18% | 東協 -0.73% | 東協 5.87% | 新興債 6.01% | 台股 4.32% | 商品 17.69% |
| 東協 8.81% | 高收益 11.45% | 新興債 6.16% | 日股 -41.77% | 商品 23.46% | 全球 10.42% | 全球 -6.10% | S&P500 13.41% | 現金 2.79% | 全球 2.10% | 全球 5.63% | 全球 5.63% | 投資級債 3.88% | 投資級債 3.88% | 東協 17.33% |
| 台股 6.66% | 新興債 9.86% | 投資級債 4.24% | 全球 -43.54% | S&P500 23.45% | 台股 9.58% | 東協 -8.26% | 台股 8.87% | 投資級債 -1.46% | 高收益 1.67% | 公債 -3.57% | REITs 4.99% | 歐股 1.33% | 日股 3.59% | 全球 15.87% |
| 投資級債 3.47% | 公債 6.12% | S&P500 3.53% | 歐股 -44.37% | 歐股 21.14% | 公債 5.17% | 歐股 -9.42% | 投資級債 5.57% | 公債 -4.00% | 新興股 1.20% | 高收益 -4.25% | 投資級債 3.26% | 公債 2.77% | 歐股 2.77% | 公債 6.6% |
| 全球 8.83% | 日股 1.90% | 高收益 2.89% | 台股 -46.03% | 日股 5.63% | 投資級債 4.30% | 日股 -18.94% | 公債 1.65% | 新興股 -4.98% | 歐股 -4.63% | 全球 -4.26% | 歐股 2.14% | 商品 -2.89% | 新興債 2.53% | 新興債 5.74% |
| 高收益 3.07% | 投資級債 1.84% | 現金 -0.47% | REITs -47.72% | 投資級債 4.33% | 現金 2.55% | 商品 -20.41% | 商品 -3.37% | 商品 -5.03% | 公債 0.70% | 台股 -10.41% | 公債 1.60% | 投資級債 3.26% | 公債 2.14% | 高收益 4.49% |
| S&P500 3.00% | 現金 -0.77% | REITs -6.96% | 東協 -48.75% | 公債 2.55% | 日股 -0.97% | 新興股 -5.25% | 新興債 -5.25% | 新興債 -5.25% | 現金 -1.85% | 公債 -17.24% | 投資級債 0.70% | 現金 -0.51% | 現金 1.33% | 現金 3.99% |
| 公債 -6.88% | 商品 -7.40% | 日股 -12.22% | 新興股 -54.48% | 現金 -2.53% | 歐股 -5.19% | 台股 -21.18% | 現金 -3.81% | 東協 -6.63% | 商品 -23.35% | 商品 -21.92% | 現金 -0.51% | 投資級債 2.53% | 商品 -2.89% | 投資級債 2.53% |

（資料來源：http://steveli03.blogspot.com/search/label/%E5%9F%BA%E9%87%91）

　　這張統計表，基金公司也常會引用。意思是，風水輪流轉，前幾名和後幾名的苦主，大家輪流當。這就是景氣循環下投報率的結果，也告訴我們主流是甚麼。但要預測主流，很容易嗎？這些都是事後諸葛。

　　有一個簡單的辦法，就是追逐強勢族群，若有需要，每月（季）變換投資標的。舉例：每月（季）固定月底從平台上找基金，然後選定自己喜愛的類型如股票型，點選「一年％」讓它排序，選出前 5 名的標的。每月（季）初，依照策略每支基金投入 20％的資金。連續 12 個月，看看投資績效如何。基金選好之後，可透過銀行或投信來購買基金。

　　理論上，這不保證一定賺，長期而言，投資績效應該是大贏小輸的結果。我們也可以紙上模擬來試試，每季換一次標的，看一年後績效為何？

| 基金組別 | 一週% | 一個月% | 三個月% | 六個月% | 年初至今% | 一年% | 三年% | 五年% | 十年% |
|---|---|---|---|---|---|---|---|---|---|
| 美國大型增長型股票 | -5.19 | 1.62 | -7.37 | -0.47 | 5.36 | 6.28 | 10.60 | 9.87 | 13.48 |
| 產業股票 - 健康護理 | -4.80 | 3.44 | -4.19 | 3.02 | 5.10 | 6.19 | 4.87 | 7.23 | 12.06 |
| 巴西股票 | -3.08 | -1.26 | 23.44 | 11.05 | -1.27 | 3.25 | 21.81 | -1.78 | 4.32 |
| 美國靈活型股票 | -5.62 | 1.88 | -7.41 | -1.89 | 0.70 | 1.88 | 8.45 | 7.07 | 12.18 |
| 房地產 - 北美（間接） | -0.12 | 3.54 | -2.08 | 4.40 | 0.18 | 0.27 | 3.62 | 7.12 | 12.29 |
| 房地產 - 亞洲（間接） | -0.67 | 5.11 | -1.72 | -4.60 | -2.98 | -1.15 | 6.77 | 3.37 | 9.35 |
| 泰國股票 | 0.38 | -0.89 | -5.10 | -6.47 | -5.23 | -1.40 | 12.39 | 5.07 | 17.73 |
| 房地產 - 全球（間接） | 0.27 | 2.45 | -3.92 | -1.51 | -3.14 | -1.53 | 3.42 | 4.03 | 9.41 |
| 俄羅斯股票 | -0.42 | -1.04 | 1.68 | -3.03 | -3.50 | -2.19 | 12.91 | -1.62 | 7.81 |
| 全球大型增長型股票 | -4.44 | 1.61 | -8.28 | -5.71 | -3.46 | -2.26 | 6.96 | 5.26 | 9.58 |
| 房地產 - 歐洲（間接） | -1.48 | -0.62 | -8.81 | -6.94 | -7.82 | -3.67 | 3.10 | 4.83 | 9.79 |
| 產業股票 - 能源 | -3.65 | -3.70 | -10.92 | -11.63 | -7.70 | -3.92 | 2.82 | -5.10 | 1.21 |
| 全球股票收益 | -3.69 | 1.24 | -4.81 | -2.96 | -5.53 | -4.09 | 5.14 | 3.59 | 8.40 |
| 瑞士大型股票 | -5.78 | -0.86 | -7.25 | -1.35 | -6.83 | -5.26 | 5.38 | 3.51 | 9.84 |

（資料來源：https://fund.cnyes.com/SectorRanking.aspx?n=rankingGroup&fundgroup=Equity&fund=fundall&ddlindex=3,0,-1,-1）

同樣的做法，也可以用MoneyDJ→ETF排行→報酬排行→漲幅排行→一年排序，來選基金。但需注意：成交量低的、槓桿和反向的標的，不要納入比較安全（資料來源：https://www.moneydj.com/etf/x/Rank/Rank0001.xdjhtm?eRank=up&eOrd= T800500）。方法都一樣，也可以到http://tw.morningstar.com/ap/main/default.aspx。如果你認為中國基金很有希望，也可以買「中國中小企業板創業板ETF」。（資料來源：https://www.moneydj.com/ETF/X/Basic/Basic0003.xdjhtm?etfid=CNXT）

## 基富通公司，可節省費用

每年的預期報酬率至少要10％以上，因為基金交易和持有費用並不便宜。基金經理人就像馬，我們像騎師，要有能力找到好馬，騎起來才會過癮。銀行理專喜歡勸人頻繁交易，這樣才能成為「好客戶」，她的獎金也寄託在你身上。但如果我們有很清楚的操作策略，不必人云亦云，即使頻繁交易也沒問題，因為獲利足以負擔所有成本。但要定期檢查績效，確保一切都在掌握之中。

基富通證券股份有限公司（以下簡稱「基富通」）是臺灣集中保管結算所及櫃檯買賣中心為創始股東，並結合34家國內外資產管理公司成立。基富通幫助投資人以合理的成本、足夠的資訊、方便的介面，在網路上安心地投資基金。你可以將研究好的基金，來基富通這個平台買，可以節省一些費用，如果買的到的話。（資料來源：https://www.fundrich.com.tw/aboutus.html）

# 第四部

# 高獲利競技場：
# 常見的衍生性
# 金融商品

（VIX／期權／權證）

這個章節相對難，許多初學者對專有名詞和定義搞不清楚，而有所擔心。不像ETF（指數型證券投資信託基金，Exchange Traded Funds）我們耳熟能詳，VIX、期貨、選擇權、IV隱含波動率（簡稱波動率或隱波）、權證、轉倉、平倉、部位、交易單位、造市品質、到期日、保證金、權利金、價內、價外等等名稱，和熟悉的股票基金也不同，但習慣這些用語後心情就變好了。

先不要急，投資人要習慣這些交易用語，市場上或業務員都是這樣說這樣用的，可以查Google或期貨公會也有名詞解釋。（參考資料：https://www.futures.org.tw/ViewInfo.asp?id=182）。

接下來的內容會陸續讓讀者了解恐慌指數VIX、期貨、選擇權和權證，這些市場的共同語言及應用，必要時會畫圖或做表，輔助一些簡單的數學來加以說明，上手並不難。至於很難的公式，這裡也不會提，我們只要搞清楚遊戲規則和商品特性，還有交易策略就可以了。此外，第五部還有些實際應用的例子，重覆對照來看，也可以幫助了解。

# 天堂地獄一線間，
# VIX的運用

台灣近年來從海外引進並提供許多「新型態、避險、投機或投資」的新商品和開放「夜盤交易」新制度，讓投資人可輕易參與全世界的金融市場，對於進入這新市場要注意些什麼事情呢？首先要了解衍生性金融商品的重要指標：恐慌指數（VIX），其次是保證金制度。

VIX（Volatility Index）俗稱「恐慌指數」，是芝加哥期權交易所波動率指數（Chicago Board Options Exchange Volatility Index）的交易代碼，常見於衡量標準普爾500指數期權的隱含波動率IV（Implied Volatility），是了解市場對未來30天市場波動性預期的一種衡量方法。

一般投資人比較不清楚的VIX，因為本來是為專業機構設計的避險性金融商品。如果每次都要將中文全名（或定義或背後的意義）完整表答出來，就會很繞口。基本上，大家將VIX視為和ETF、基金股票一樣，是一種投資商品，就會比較容易接受。

這裡不探討太深奧的學術用語，只是要提醒大家，如果要投資高風險商品，要注意哪些事情，去哪裡查詢相關的資料。使用VIX這種商品，要以小搏大，短期內用小錢賺到大錢，是有機會的。

# 全球股市下跌，國內外受災戶不少

2018年2月6日驚悚斗大的國際新聞標題：「1天蒸發96％，放空VIX產品不玩了」。還有，台灣國內新聞：「26股災首件爭議送投保中心，期貨投資人慘賠40億」。

台灣期貨和選擇權（以下都簡稱期權）市場的保證金制度，是用與國際接軌的SPAN制度，是用「整體部位（留倉量）」來計算保證金。所以前提必須是「投資組合內的所有部位都沒問題」，才不會有問題。如果「投資組合中的一小份部位」有問題，可能會造成「整個投資組合」的大災難。

期交所用新聞稿回應26股災，簡單講就是投資人自己違約，期貨商並無違法。當投資人保證金不足時，期貨商就以「市價」砍出「整體部位」。這時，市場會有「芭樂單」來天價成交，造成投資人損失慘重，獲利者通常是業內人士或期貨商自己。（參考資料：http://www.taifex.com.tw/cht/11/press Release）

2011年，統一證券前總裁慘賠6億元，爆發台灣期貨史上最大違約案。股市30年老手完全失去風險意識，硬凹單的不良結果。贏99次，但大輸一次，下場淒慘。

其實，這些都是可以避免的。只是因為貪婪和恐懼再加上無知才會造成。如果投資心態不正確或專業知識不足，這樣的新聞會層出不窮，每隔一段時間就有新的受災戶出現。不懂就去拜師學藝，但自稱厲害的師傅不少，但要小心破財，因為他們只會告訴你「無成本大獲利」之道，而不會告訴你風險和法規。在裹著「獲利」的糖衣外表下，投資人不可不知潛藏的風險。「26期權違約案」至今

還在協調中，也造成期交所的「遊戲規則」會逐漸改變。在投入資金之前，最好先徹底了解商品，如果看不懂就不要投資，更是要了解遊戲規則。

## 為何放空VIX指數風險很大

　　VIX指數無法被複製或交易，VIX期貨是以VIX指數為標的物的期貨合約。所以「VIX期貨」和「VIX選擇權」，和以VIX期貨為投資商品的「VIX期貨ETF」，這3種商品是投資人可以直接參與波動率投資的選擇。

　　膽大妄為的投資人常會忽略風險，以為可以永遠穩賺「VIX期貨轉倉成本」，而進場放空（類似選擇權做賣方，賺取時間價值）。事實VIX期貨的轉倉成本高得嚇人，且VIX期貨ETF價格沒有最低只有更低，長期會趨近於0。當股災來臨時，VIX瞬間飆升，若來不及平倉出場或補繳保證金而被斷頭，部位大的投資人一次就會破產。

　　以長期投資「短期期貨ETF」為例，因為「十年的股市大多頭」和「每日的轉倉成本」，造成「短期期貨ETF淨值」減少99.9999％（比黃金還純）以上。

| ProShares倍數做多波動率指數短期期貨ETF(UVXY) | | | | | |
|---|---|---|---|---|---|
| 項目 | 價格 | 漲跌 | 漲跌幅(%) | 最高價格(年) | 最低價格(年) |
| 市價(2018/12/11) | 64.4900(美元) | -0.6700 | -1.03 | 139.5500 | 35.7200 |
| 淨值(2018/12/11) | 63.8000(美元) | -0.2300 | -0.36 | 205.8000 | 35.6600 |

| 從 1997▼ 年 1▼ 月 1▼ 日 至 2018▼ 年 12▼ 月 12▼ 日 查詢 | 技術分析進階版 \| 說明 |
|---|---|

### 淨值市價走勢圖

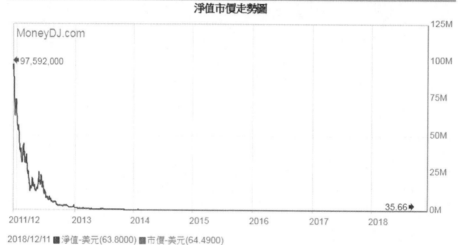

2018/12/11 ■淨值-美元(63.8000) ■市價-美元(64.4900)

（資料來源：https://www.moneydj.com/ETF/X/Basic/Basic0003.xdjhtm?etfid=UVXY）

---

**TIPS** │ **轉倉說明**

　　許多交易都有到期日，到時會自動平倉，任何利潤或損失將變現。在某些情況下，交易是可以轉倉的。轉倉是不同月份契約同時一買一賣或一賣一買的方式，把近月契約轉為遠月契約繼續持有。這意味著利潤或損失將不會變現，交易的到期日得以展期，而轉倉會產生相關的費用。

# 全台首檔 VIX 期貨 ETF

富邦VIX（股票代號00677U），主要追蹤指數為「標普500波動率短期期貨ER指數」。2016年12月22日成立，主要投資標的為近月、次近月VIX期貨，買進指數成分期貨標的，同時透過「每日重新平衡機制進行轉倉」，使基金淨值報酬率盡可能貼近標的指數報酬率。基金採用「被動式」管理方式，以追蹤標的指數報酬為目標，基金風險等級屬高波動度，不適合追求長期投資且不熟悉之投資人。

不過，除非股市連續大跌，在大多數時候，這類商品僅適合「短期」持有，不能中長期投資，以免造成巨大虧損。富邦VIX自20元掛牌以來，最低已跌破5元，投資這類型的商品要嚴格控管資金，投資前也應該詳閱公開說明書。（資料來源：http://websys.fsit.com.tw/FubonETF/Funds/Download.aspx?stock=00677U）

市場只要大跌或波動變大，投資富邦VIX就有機會大賺。

# 放空富邦 VIX 的額外代價

實務上，融券放空任何股票，都可能付出「額外」的代價。以我自己在富邦證放空富邦VIX為例，投資人需負擔之費用包括借券費、場地費（支付予證交所、櫃買中心）及劃撥費（支付予集保公司）之外，還可能會有「標借費」。發生標借時，券商不一定會通知投資人。若參與股票之信用交易，即應注意相關訊息，以避免多負

擔標借費用。這筆費用不會出現在交易系統中，而是由營業員「良心告知」。

標借費率沒有單一的每日牌告價，都是由願意出借人自行所訂的費率去標借過來。證金公司會逐日結算標借費用總額報給券商，由各融券戶按其融券餘額平均分攤，並自其擔保價款中扣抵。一旦有人回補，分攤這筆費用的人變少，每天的標借費反而有可能會「大幅提高」。

標借費最高以不超過該股票標借日之前一營業日收盤價格7%為限。（資料來源：台灣證券交易所→法律規章→集中市場交易→受託買賣→證券借貸→臺灣證券交易所股份有限公司有價證券借貸辦法）

---

**TIPS｜標借費**

「標借費」以白話解釋：當初放空股票時，該股票在富邦證是「融資大於融券」；而現在，該股票在富邦證是「融券大於融資」，所以就產生了標借費，因此富邦必須跟其他的券商借股票，然後由富邦證所有放空這支股票的人共同分攤借股票的費用。

標借費率是依照市場上願意出借人願意出借的費率計算「缺券張數×市場願意出借人的標借費率」，得到的金額再由所有放空該檔股票的人共同分攤。（資料來源：http://www.twse.com.tw/zh/page/trading/exchange/BFIB8U.html）

　　若市場無風險，平時放空富邦VIX可穩賺轉倉成本，但市場一有風吹草動時，放空者容易被嘎（放空股票後，股價被市場或主力天天往上拉，到自己受不了自動認賠回補或強制回補日為止），熱門避險標的還可能會有標借費產生，造成「雙重損失」，不可不慎。

## 如何利用VIX相關商品獲利

　　由於VIX期貨與標普500指數有高度「負相關」，善用VIX指數與主要股價指數呈現反向走勢的特性，可調節市場波動對投資組合的負面影響，可說是避險的好工具。

　　當市場下跌有避險需求時，法人大量追買賣權（buy put），推升市場整體隱含波動率IV，造成VIX上升。VIX高，市場預期未來價格波動大。VIX低，市場預期未來價格波動小。一般而言：「VIX小於15在貪婪區，市場對後市呈現過度樂觀，可能會伴隨著指數拉回，應尋求大波段賣點。股價在歷史高檔區，以選擇權為主股票為輔。反之，VIX在40以上在恐慌區，市場對後市呈現過度悲觀，可能在短期內出現反彈，應尋求大波段買點。指數3個月內重挫15%以上，別用選擇權避險。」

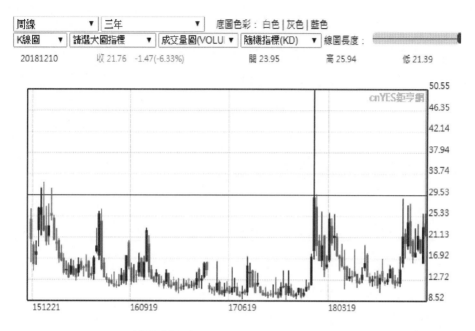

（資料來源：https://www.cnyes.com/usastock/stocks.aspx?code=VIX）

2008年10月雷曼兄弟倒閉時，市場恐慌情緒達到最高，VIX指數最高曾飆到89.53。隨後市場趨勢穩定，VIX指數也逐步回穩。2018年2月6日和10月11日發生全球股市回檔整理後，市場波動也變大。適時加入VIX相關商品在投資組合中，有機會可以提高整體獲利率和降低波動率。

**TIPS**

　　期交所有提供即時的「台指選擇權波動率指數」走勢圖，可明顯看出和「加權股價指數」呈反向走勢。對於操作台灣的衍生性金融商品，有很大的助益。

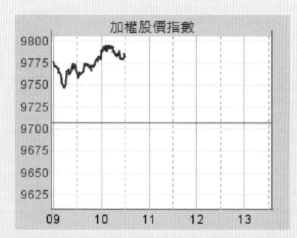

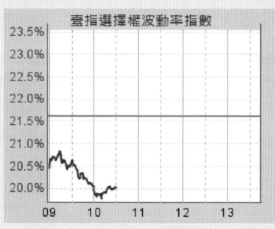

（資料來源：http://info512.taifex.com.tw/Future/index_home.aspx）

# 認識期貨，
# 可自行組合台幣匯率期貨商品

期貨是一種合約，它是買賣雙方約定在未來的某個時間，用某個約定價位和約定數量交易的買賣合約，避免未來的不確定性。期貨是由現貨衍生而來，所以期貨的價格會隨現貨價格而波動。期貨買賣雙方都要付「保證金」，以防不履約。

　　台灣期貨交易所目前所有的商品：股價指數期貨類、個股期貨類、利率期貨類、股價指數選擇權類、個股選擇權類、商品期貨與選擇權類、匯率期貨類、匯率選擇權類和規畫中商品資訊。（資料來源：http://www.taifex.com.tw/cht/2/products）

　　投資股票必須研究個股，總經、公司財報、產業分析、競爭對手等等基本面分析和技術分析。而買賣台指期貨，主要研究總經和指數走向，相對容易。期貨採取的策略是當沖、極短線、波段、區間或是價差交易，分析方式和股票也不相同，當然承受的風險等級也不同。要先了解自己和確定有足夠的資金，才進入這市場。

# 了解保證金制度

　　期貨槓桿倍數大，投資前一定要先了解商品特性和保證金制度，為了控制風險，期交所會隨市況變化而調整保證金。投資人交易一但虧損，帳戶內的保證金低於期交所規定的水準，期貨商就會要求投資人補足。若市況瞬間有巨大變化，甚至投資人來不及補錢或期貨商來不及通知投資人時，部位（交易的留倉量）就會被期貨商「砍倉」（類似股票市場中的融資斷頭）而被迫結算出場。所以投資人一定要隨時留意：期交所網站內的「結算業務保證金」和「最新消息」。

> 交易台指期所需資金＝原始保證金＋手續費＋期交稅

　　舉兩個例子來說明，先不考慮手續費和期交稅。期交所規定原始保證金為96000元，維持保證金74000元。A和B兩人都以96000元來操作。

　　例一，假設A投資人看多：買進大台指一口10000點，平倉在10100點，賺100點（每點200元），投資報酬率為（20000÷96000）×100％＝20.8％。

　　例二，假設B投資人看空：買進大台指一口10000點，當日收盤為9800點，虧損200點（每點200元），未平倉了結，投資報酬率為（−40000÷96000）×100％＝−41.7％。保證金剩餘96000−40000＝56000元，低於維持保證金，期貨商將通知追繳保證金96000−56000＝40000元。當帳戶內保證金餘額低於維持保證金時，必須補繳到

原始保證金。

　　◎B若無法補足保證金，次日期貨商將以開盤價買進強制平倉，若成交在9850點，共虧損150點。B投資報酬率為（−30000÷96000）×100％＝−31.3％。

　　◎B若無法補足保證金，次日繼續大漲，期貨商將以開盤價買進強制平倉，若成交在10500點，共虧損500點。B投資報酬率為（−100000÷96000）×100％＝−104.2％。因虧損金額大於原始保證金，B還需補繳4000元給期貨商，此金額稱為超額損失。

　　期貨一天可創造20％以上的高報酬，也能一、兩日內虧空所有本金，甚至破產負債累累。期貨的高風險來自財務槓桿大，如果能大幅提高原始保證金，降低槓桿比率，也可以降低操作風險。

## 自組台幣匯率商品

　　期交所的匯率期貨均為「外幣兌外幣」，央行目前尚未開放「台幣兌外幣」的市場。如果國內投資人在期交所內，例如預測英鎊一個月內會貶值，就可買進美元兌英鎊期貨，做多美元。但如果要預測台幣會貶值或升值，有沒有相關的商品來避險嗎？答案是沒有直接商品，但可以自己來組合。要善加利用黃金與美元的反向走勢，來自組台幣匯率避險商品。

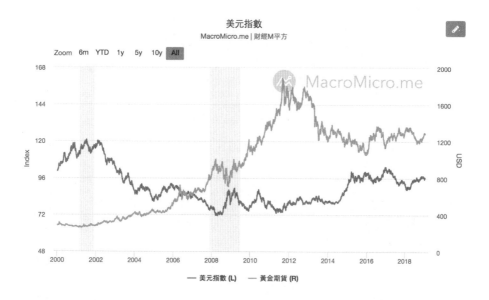

（資料來源：https://www.macromicro.me/collections/45/mm-gold-price/592/us-usd-dollar-
gold-price，更新日期2018年12月12日）

　　台幣兌美元匯率，還是有辦法利用期交所發行的產品來套利或
避險。期交所目前的商品期貨與選擇權類有：黃金期貨、台幣黃金
期貨、黃金選擇權和布蘭特原油期貨。若有需求，可利用「黃金期
貨和台幣黃金期貨」來操作「台幣匯率」。

　　「期貨契約」：英文代碼GDF；交易標的，成色千分之九九五
之黃金；契約規模10盎司（311.035公克）。而「台幣期貨契約」：
英文代碼TGF；交易標的，成色千分之九九九點九之黃金；契約規
模100台錢（375公克）。

　　例如：倫敦黃金早盤定盤價為每盎司A（1220）美元，新台幣對美元收盤匯率是B（30.6），計算台幣黃金期貨最後結算價為多少？

　　最後結算價＝（A÷31.1035×3.75×0.9999÷0.995）×B＝A×0.1212×B＝1220×0.1212×B＝147.8139×30.6＝4523.1元／台錢。每口期貨價值＝4523.1×100＝452310元。當台幣貶到32時，每口期貨價值＝147.8139×32×100＝473000元。

　　由公式可知，若黃金期貨價格不變，台幣匯率和台幣黃金期貨價值成正比：台幣貶值，結算價值高；台幣升值，結算價值低。

　　例一：當我們預期台幣升值美元貶值時，要買進「黃金期貨」賣出「台幣黃金期貨」。若預期台幣貶值美元升值時，則要賣出「黃金期貨」買進「台幣黃金期貨」

**TIPS｜例一簡單的數學加減處理**

1. 預期台幣升值美元貶值時（台幣變值錢，減少美元持有數量）：買進「黃金期貨」（相當於加黃金減美元），賣出「台幣黃金期貨」（將當於減黃金加台幣）。經處理後，最後就相當於賣出美元買進台幣（相當於減美元加台幣）。

> 2. 預期台幣貶值美元升值時（台幣變不值錢，增加美元持有
> 數量）：賣出「黃金期貨」（減黃金加美元），買進「台幣
> 黃金期貨」（加黃金減台幣），最後就相當於賣出台幣買進
> 美元（減台幣加美元）。

　　例二：如果預期台幣升值人民幣貶值時：買進「黃金期貨」賣
出「台幣黃金期貨」，再加上買進「美元兌人民幣期貨」。若預期台
幣貶值人民幣升值時：賣出「黃金期貨」買進「台幣黃金期貨」，再
加上賣出「美元兌人民幣期貨」。

---

**TIPS │ 例二簡單的數學加減處理**

1. 預期台幣升值人民幣貶值時（台幣變值錢，減少人民幣持
   有數量）：買進「黃金期貨」（加黃金減美元），賣出「台
   幣黃金期貨」（減黃金加台幣），再加上買進「美元兌人民
   幣期貨」（加美元減人民幣），最後就相當於賣出人民幣買
   進台幣（減人民幣加台幣）。
2. 預期台幣貶值人民幣升值時（台幣變不值錢，增加人民
   幣持有數量）：賣出「黃金期貨」（減黃金加美元），買進
   「台幣黃金期貨」（加黃金減台幣），再加上賣出「美元兌
   人民幣期貨」（減美元加人民幣），最後就相當於賣出台幣
   買進人民幣（減台幣加人民幣）。

---

　　同理，也可以組合出「台幣對日圓」或其他的（XX）匯率期貨，只要透過「黃金期貨」和「台幣黃金期貨」這對寶，再加上「美元兌日圓（XX）匯率期貨」即可。

## 看懂訊息穩穩賺

　　台灣早期只有地下期貨，是非法的。主管機關及各界積極推動國內期貨市場之建立，1995年12月成立「期貨市場推動委員會」，1996年12月成立「台灣期貨交易所籌備處」。1997年3月立法通過「期貨交易法」，1998年7月21日「台灣期貨交易所」正式開業。現在即使期交所成立二十年了，但到現在仍有少數不肖的期貨業務員從事地下期貨非法吸金及交易，所以投資人的交易應在交易所內才會有保障。

　　期交所有豐富的訊息等著投資人發掘。例如三大法人的「交易口數與契約金額」和「未平倉口數與契約金額」，資料下載後做圖做表，可看出趨勢和提供操作區間。還有最新的法律規章也必須追蹤，尤其是保證金收取和補繳方式。各類統計報表也可以提供重要訊息。

　　投入期貨交易時，做一口期貨（在期貨和選擇權的世界，買賣的單位是「口「，像股票以「張「為單位的意思），個人認為至少要保證金的3倍以上，比較安全。目前期貨交易一口的最大風險，就是大約11000（加權指數）×200（每點200元）＝220萬元。

　　期貨交易總資金不宜占個人總投資資產的比例過高，以10％為上限（除非你是專業投資人）。避免操作賠錢而影響生計，甚至傾家

蕩產。

　　多數的人反過來做。股票賠大錢後，因本金變小了，投入風險更高的衍生性金融商品如期貨和選擇權和權證，要以小搏大賺回失去的本金，結果反而輸得更慘。最好先熟悉現股操作，有良好的投資績效賺到錢後，再投入一小部分資金在衍生性金融商品市場。期貨賺錢雖快，但要有風險意識！

# 認識選擇權

選擇權近幾年大受市場歡迎，許多投資人對選擇權三個字朗朗上口，實際上卻因一知半解而大栽跟斗，到底什麼是選擇權呢？

選擇權是衍生性金融商品的一種，它有兩種角色：買方與賣方。二種選擇：買權與賣權。排列組合成四種基本型態，選擇權本身可以組合多種成交策略，也可和期貨或和股票形成更複雜的交易策略。衍生性金融商品千變萬化很有趣，最近20年來大受市場歡迎，但要注意資金控管和風險，它可使用高槓桿、可以投資，也可以避險。

台灣期貨交易所目前所發行的選擇權商品：股價指數選擇權類、個股選擇權類、商品期貨與選擇權類、匯率選擇權類和規畫中商品資訊。（資料來源：台灣期貨交易所→商品）

## 選擇權的定義和類型

選擇權（option）是一種「選擇的權利」，指當契約的買方付出權利金（premium）後，在特定時間內有權利向契約的賣方依契約載明的履約價格買入或賣出一定數量的標的物。若此權利為

買進標的物，則稱為「買入選擇權」（call option），簡稱「買權」
（call）。若此權利為賣出標的物，則稱為「賣出選擇權」（put
option），簡稱「賣權」（put）。

選擇權的類型分為：美式選擇權和歐式選擇權。美式可以提前
履約，想像成大辣辣的美國人，隨時變卦更改契約；而歐式不能提
前履約，想像成嚴謹的德國人，一切照規定。美式考慮股利發放，
而歐式通常不調整股利發放。美式比歐式有彈性，可於任何契約期
間內具履約價值的時間點，選擇執行契約來獲取利潤，因此價值較
高。

## 四種基本型態

如果你想買可樂（買權）就必須付錢（權利金），也必須有人賣
可樂（買權）收到錢（權利金），才會成交。你買進買權（I），賣
方是賣出買權（III）。如果你想買葡萄（賣權）會必須付錢（權利
金），也必須有人賣葡萄（賣權）收到錢（權利金），才會成交。你
是買進賣權（II），賣方是賣出賣權（IV）。

以可樂（Call）和葡萄（Put）為例，簡單說明買賣雙方的權利
義務。買方有權利，賣方有義務。買方要支付「權利金」，賣方要繳
「保證金」，確保交易可以公平公開的在交易所被執行。保證金會公
布在期交所網站，投資者要隨時注意。

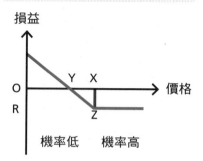

（Ⅰ）買進買權 Buy Call

（Ⅱ）買進賣權 Buy Put

X：履約價
Y：損益兩平
Z：權利金

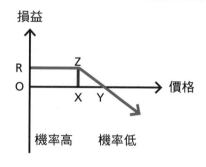

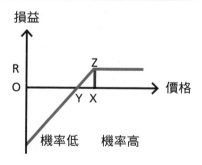

（Ⅲ）賣出買權 Sell Call

（Ⅳ）賣出賣權 Sell Put

角YXZ為90度，角XZY為45度，角XYZ為45度，三角形XYZ為等腰三角形。X＋R＝Y（買權Ⅰ或Ⅲ）或X–R＝Y（賣權Ⅱ或Ⅳ）。

（吳家揚製圖）

# 簡單的交易策略和使用時機

**看多（＋）的單式策略：買進（＋）買權（＋）和賣出（－）賣權（－）。**

買進買權（Ｉ）：付權利金。做多（買進），預期大漲（大多頭），行情變動速度快。價格越漲賺越多，下跌最多只會損失權利金，最大獲利為無限大。

賣出賣權（Ⅳ）：收權利金，繳保證金。做多，看不跌或預期小漲（小多頭），行情變動速度慢。價格越跌賠越多，上漲最多只會賺取權利金，最大損失有上限。

**看空（－）的單式策略：買進（＋）賣權（－）和賣出（－）買權（＋）。**

買進賣權（Ⅱ）：付權利金。做空（賣出），預期大跌（大空頭），行情變動速度快。上漲最多只會損失權利金，價格越跌賺越多，最大獲利有上限。

賣出買權（Ⅲ）：收權利金，繳保證金。做空，看不漲或預期小跌（小空頭），行情變動速度慢。價格越漲賠越多，下跌最多只會賺取權利金，最大損失為無限大。

> **TIPS │ 利用簡單乘法判斷四種選擇權的多空型態**
>
> 　　買進用符號（＋）表示，賣出用符號（－）表示；買權用符號（＋）表示，賣權用符號（－）表示。應用數學乘法，第一個乘數當作「買進或賣出」，而第二個乘數當作「買權或賣權」，得知正正得正（Ⅰ）、正負得負（Ⅱ）、負正得負（Ⅲ）、負負得正（Ⅳ），而得到四種結果。利用簡單數學符號和觀念，就可以掌握多空操作策略和成本，在實務操作上是方便且可行，投資人一定要熟悉。
>
> 　　最後的相乘結果是正值就是買進（做多），是負值就是賣出（做空），選擇權交易模式就會變得很簡單。因為Y軸是損益，所以紅線有箭頭的就是獲利無限或損失無限。如果紅線碰到Y軸，表示獲利有限或損失有限。

## 選擇權要考慮機率

　　但，選擇權買方真的是「損失有限，獲利無限」嗎？選擇權賣方真的是「獲利有限，損失無限」嗎？的確是，圖形Ⅰ和Ⅲ，箭頭無限延伸。

　　但如果考慮到機率問題，則變成：買進買權（Ⅰ）的損失有限機率高，獲利無限機率低；買進賣權（Ⅱ）的損失有限機率高，獲利有限機率低；賣出買權（Ⅲ）的獲利有限機率高，損失無限機率低，但久久遇到一次可能就要命了；賣出賣權（Ⅳ）的獲利有限機率

高，損失有限機率低，但遇到也會痛。

　　舉例：風光明媚的地方（投資標的），可以發展觀光業（做賣方），平常穩收觀光財（權利金）。但若遇到颱風洪水，遇到財損要修復費用，會痛但機率不是很高。但若遇到火山爆發或海嘯（金融海嘯）或人禍（肥手指或程式交易），造成樓房倒塌或滅村，久久才一次但損失慘重，甚至要人命（破產）。

　　結論：看似買方「損失有限，獲利無限」，但以實際報酬率來看，風險卻很高。小資族常常損失權利金，長期是很大的損失。賣方只要市場風平浪靜，的確可穩收權利金，但要注意突發的風險。

## 選擇權定價模式的應用

　　聽說有位經濟學家很有想法但數學不夠好，有位數學家想攻讀經濟學博士學位，雙方一拍即合。學生看到老師複雜的數學公式，直接套用工程數學的解法，算出老師定價模型中的一組特定解，從此理論走向實務。BS Model（Black-Scholes Option Pricing Model）讓衍生性金融商品得以蓬勃發展，也獲得1997年諾貝爾經濟學獎。

　　這裡不寫公式，因為複雜難懂。但可歸納出幾個重點，當作投資參考。以選擇權而言，影響權利金的因素有：現貨價格、履約價格、無風險利率、存續期間、波動率和現金股利。一般而言，影響如下：

| 因素 | 買權CALL的價格變化 | 賣權PUT的價格變化 |
|---|:---:|:---:|
| 現貨價格 | ＋ | － |
| 履約價格 | － | ＋ |
| 無風險利率 | ＋ | － |
| 存續期間 | ＋ | ＋ |
| 波動率 | ＋ | ＋ |
| 現金股利 | － | ＋ |

（吳家揚製圖）

＋表示同方向變化，－表示反方向變化。舉例，台積電股票上漲，在其他條件不變的情況下，「理論上」台積電買權價格也要上漲，台積電賣權的價格就應該下跌。

當選擇權因執行履約權利而獲利時，稱為價內選擇權。當選擇權因執行履約權利而虧損時，稱為價外選擇權。當選擇權因執行履約權利而不賺不賠時，稱為價平選擇權。對買賣權都一樣，價內才能賺錢，選擇權也要考慮履約時機。

權利金價值＝內含價值＋時間價值。內含價值：當「價內」時，其履約價與現貨價之差。當價外時，該選擇權並無內含價值，只有時間價值。時間價值，則是指選擇權市價減去內含價值。假設指數為9628點，履約價9700CALL買權價格為49點：無內含價值（結算時用9700的價位去買只值9628的東西？價外，因無利可圖所以投資人不會履約，9628－9700＜0），選擇權只剩時間價值為49點；同理，9700PUT賣權價格為105：內含價值為72點（結算時用

9700的價位去賣只值9628的東西？價內，因有利可圖投資人會履約，9700－9628＝72），而時間價值為33點（105－72＝33）。

## 衍生性金融商品到處都有

　　衍生性金融商品千變萬化，但不離上述四種基本架構的排列組合。先將基礎觀念搞清楚後，才有能力進階學習複雜的交易策略。

　　以風風雨雨的人民幣TRF（目標可贖回遠期契約target redemption forward）為例，它是一種和匯率連結的衍生性金融商品。基本上是利用一倍「買進賣權」（獲利有限）＋N倍（N＞＝2）「賣出買權」（損失無限）組合而成的衍生性金融商品：若客戶看對匯率方向，獲利就是「本金×匯差」，銀行會停損出場；若客

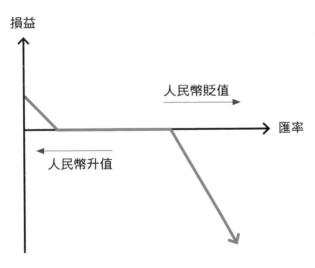

（TRF示意圖，吳家揚製圖）

177

戶看錯匯率方向，虧損就是「本金×匯差×槓桿倍數（N）」，且要持有到到期日，而無法提前斷頭出場，造成損失不斷擴大。目前，專業自然人已經不能購買這種商品了。

投資一定有風險，要了解風險才能控制損失，嚴格控管資金才是王道。在還沒撤底了解購買的商品本質前，千萬不要和自己的錢過不去。

# 選擇權
# 進階交易策略

台指選擇權為全世界交易量第6大之股價指數選擇權契約，而週選擇權日均量更是世界第一，台指選的成交量，更是台指期的4倍以上。可見台灣期貨交易所的選擇權是世界級的好產品，而台灣人的賭性也很堅強。

當我們認識選擇權後，就可以利用策略來賺錢。許多定義要先搞清楚，雖然電腦可以幫你畫出交易策略圖形，但建議還是先用紙筆畫畫看。如果自己畫不出來，表示基本觀念還沒搞清楚，就不應該進場交易。

## 如何建立選擇權策略

現在我用數字與圖示為大家說明「買權多頭價差」，它是「同時建立」同月份，但不同履約價的買進買權和賣出買權。例如：

（I）買進七月到期履約價格為指數5300點的買權，付出400點權利金。X＝5300，Y＝5700，R＝−400。（III）賣出七月到期履約價格為指數5500點的買權，收取250點權利金。X＝5500，Y＝5750，R＝250。建立部位時的資金流向為：付出權利金差額150點。將兩張圖「疊畫」變成實線部分，最大可能損失為權利金150點，損益兩平為5450點（5300＋150），而最大可能獲利為50點（5500−5450）。

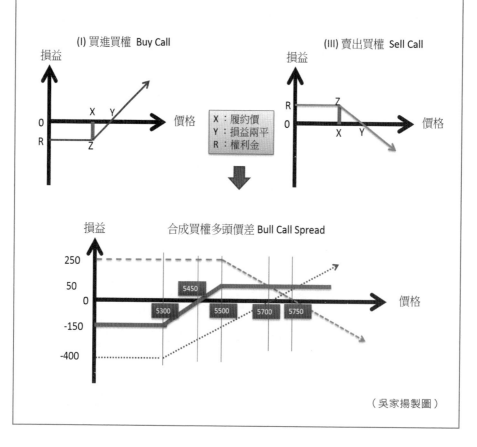

（吳家揚製圖）

# 選擇權多重策略和使用時機

　　可以由4種基本型態「買進買權」、「買進賣權」、「賣出買權」和「賣出賣權」直接建立單一策略，也可以用4種基本型態組合，形成複雜的10種多重策略：

| 策略 | 操作方式和使用時機 |
|---|---|
| 1. 買權多頭價差<br>（Bull Call Spread） | 同月份但不相同履約價，買進買權和賣出買權，看多但只願意承擔有限風險。 |
| 2. 賣權多頭價差<br>（Bull Put Spread） | 同月份但不相同履約價，買進買權和賣出賣權，看多想獲取權利金收入。 |
| 3. 買權空頭價差<br>（Bear Call Spread） | 同月份但不相同履約價，賣出買權和買進買權，看空想獲取權利金收入。 |
| 4. 賣權空頭價差<br>（Bear Put Spread） | 同月份但不相同履約價，賣出賣權和買進賣權，看空但只願意承擔有限風險。 |
| 5. 買進跨式組合<br>（Buy Straddles） | 同月份且相同履約價，買進買權和買進賣權。預期未來有重大變化，但無法確定方向。指數大漲或大跌都可以獲利，最大獲利無上限。 |
| 6. 賣出跨式組合<br>（Sell Straddles） | 同月份且相同履約價，賣出買權和賣出賣權。預期未來於某價位附近盤整，指數大漲或大跌都會有損失，最大損失無上限。 |

>>

| 策略 | 操作方式和使用時機 |
|---|---|
| 7. 買進勒式組合<br>（Buy Strangles） | 同月份但不相同履約價，買進買權和買進賣權。預期未來有重大變化，但無法確定方向。指數大漲或大跌都可以獲利，最大獲利無上限。 |
| 8. 賣出勒式組合<br>（Sell Strangles） | 同月份但不相同履約價，賣出買權和賣出賣權。預期未來於某區間盤整，指數大漲或大跌都會有損失，最大損失無上限。 |
| 9. 逆轉組合<br>（Reversals） | 同月份且相同履約價，買進買權和賣出賣權。合成多頭期貨，看多，相當於買進期貨。損失有限，最大獲利無上限。 |
| 10. 轉換組合<br>（Conversion） | 同月份且相同履約價，賣出買權和買進賣權。合成空頭期貨，看空，相當於賣出期貨。獲利有限，最大損失無上限。 |

（吳家揚製表）

組合成的10個多重策略圖：

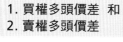

1. 買權多頭價差　和
2. 賣權多頭價差

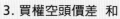

3. 買權空頭價差　和
4. 賣權空頭價差

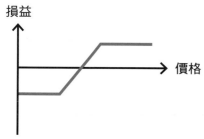

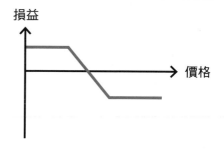

## 5. 買進跨式組合

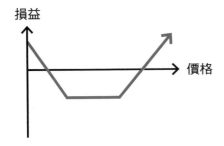

## 6. 賣出跨式組合

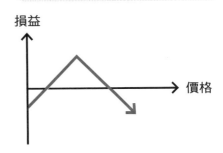

## 7. 買進勒式組合

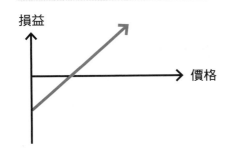

## 8. 賣出勒式組合

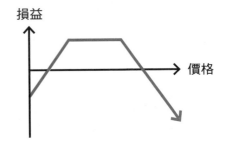

## 9. 逆轉組合

## 10. 轉換組合

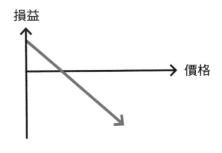

（吳家揚製圖）

從圖形中，很容易知道哪些策略獲利有限和風險無窮。和基本的4種型態一樣，也要考慮機率問題。

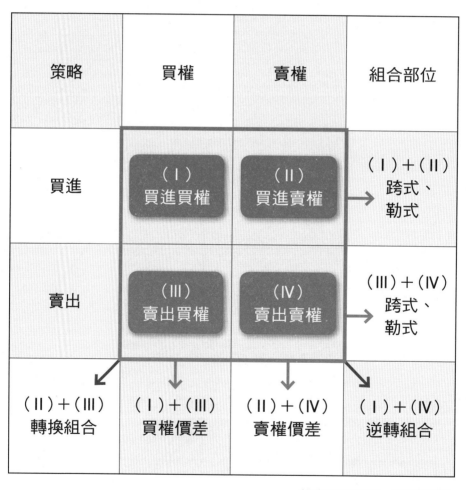

| 策略 | 買權 | 賣權 | 組合部位 |
|---|---|---|---|
| 買進 | （Ｉ）買進買權 | （ＩＩ）買進賣權 | （Ｉ）＋（ＩＩ）跨式、勒式 |
| 賣出 | （ＩＩＩ）賣出買權 | （ＩＶ）賣出賣權 | （ＩＩＩ）＋（ＩＶ）跨式、勒式 |
| （ＩＩ）＋（ＩＩＩ）轉換組合 | （Ｉ）＋（ＩＩＩ）買權價差 | （ＩＩ）＋（ＩＶ）賣權價差 | （Ｉ）＋（ＩＶ）逆轉組合 |

（選擇權策略總表，吳家揚製圖）

**TIPS｜選擇權策略**

正統的學習步驟：

1. 從定義開始，一定要搞清楚，否則無法和人溝通。
2. 自己畫出策略圖，畫出圖之後自然就會知道使用時機。
3. 記住這張總表。

實際上，可以使用懶人法：直接在交易軟體上勾選策略，甚麼都不用記，只要做好趨勢的判斷，就可以下單了。也可以用這種方法來學習但不下單，幫助了解策略的意義。

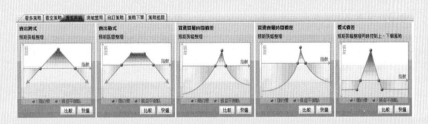

（資料來源：富邦e01軟體）

如果這節的內容無法理解，要進一步的去學習基本知識，不該貿然投入資金去操作這些複雜的交易策略。

## 重要避險組合

現貨和期貨，無論是融資或融券，做多或作空，獲利和損失都是線性關係，只有選擇權是非線性關係。因選擇權的多變性，也讓我們有能力自己組合出「保護性的組合」。進入零和市場廝殺，你的部位（現貨或期貨）要有保護才行。常見的 4 種避險策略如下：

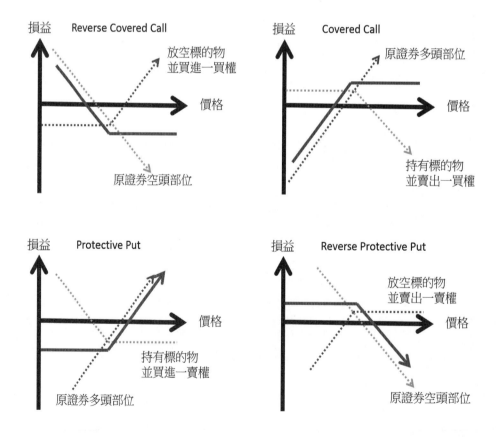

（吳家揚製圖）

　　這是很基本的概念，如果你有股票又擔心股價下跌，可以考慮使用台指選擇權簡單的「買進賣權」策略。當大盤跌造成股價跌時，選擇權賣權有機會獲利來彌補股票下跌的部分損失。但所有的避險都有成本，例如付出權利金和手續費和交易稅，所以要量力而為。

## 學習巴菲特運用財務工程買股票

　　要考慮避險成本，有些策略不便宜。建議初學者以單純的買方為主，待技術能力和資金控管能力加強後，再來考慮一些簡單低成本的策略。

　　「賣出賣權」是巴菲特最愛的策略之一，視選擇權為「資產管理」而非「交易工具」。巴菲特錢太多，平時運用ELN（股權連結型商品Equity-linked Notes）連結特定標的物收取權利金。若特定標的物價格大跌時，剛好趁機買進連結的個股。目的是大量收購好標的，雖然資產總值暫時會下跌，但不管一時波動，長期持有等待價值回升，終究是大贏家。

　　若我們透過財務工程，用ELN賣出賣權連結到我們想買的績優股票：當股價上漲時，就收權利金；但股價下跌時，就有機會買到股票，也可以降低持股總成本。選擇權這樣用，風險就小很多。

# 投資權證
# 一定要知道的事

自民國86年8月20日大華證券（已併入凱基證券）發行第一檔權證以來，認購（售）權證已在「集中交易市場」掛牌交易超過20年。歷經制度多次變革，券商、證交所和財經媒體聯合造勢行銷，才有今日的規模和知名度。和股票不同，台積電股票由台積電公司發行，但台積電的權證卻由券商發行。用買股票的證券戶，就可以買賣權證了。

因股票波動大，想搶反彈或放空，讓小資族可利用「以小搏大」的權證來放大獲利效果。但個人認為期權交易是進入「合法賭場」，而權證交易是進入「黑心絞肉場」，投資權證不可不慎。

要了解權證，先要熟悉選擇權。投資人在選擇權交易時，可以選擇當買方或賣方；而投資人在權證交易時，只能當買方，而由券商當賣方。搞清楚選擇權後，權證就相對簡單，只要重點掌握住即可入市交易。

權證是擁有約定條件買進或賣出股票的權利，是選擇權的一種，但它只有兩種型態：「認購（BC）」和「認售（BP）」。本節內容和定義都是延續『認識選擇權』而來，如果忘記了，就回去複習一下。券商因該股票股價波動較大，為提供投資人「股權槓桿」工

具，選擇以此股票發行權證。簡言之，投資人認為未來「看漲就買認購權證，看跌則買認售權證」。

「理論上」，券商擔心價內投資人到期會履約，因而買進相對應的股票。所以，權證對股價會有助漲助跌的加乘效果。到期是否真的能如預期換到股票，有些券商會直接以現金結算，有些券商有機會可以拿到股票。「如果要求履約的股數超過券商持股，券商將選擇以現金結算方式，以解決持股不足的問題。」每家券商不一定，若要拿股票則要事先申請，可先打電話詢問或查看公開說明書。

## 公開說明書內隱藏的秘密

權證相關訊息會詳細記載於「權證公開銷售說明書」中，閱讀公開說明書時要注意以下幾點：1.發行日期、存續期間。2.標的證券、標的證券發行之原因。3.權證種類、發行單位總數及金額。4.發行條件、發行價格、評價模型、履約價格、履約期間。5.槓桿效果、溢價。6.每單位代表股份。7.一年來同一上市證券為標的之權證發行價比較。公開說明書中都有這一段敘述：一、履行報價責任方式為「主動報價」。二、可不提供報價時機。投資前，要搞清楚。

投資風險也應列入考量：1.權證具高度風險，投資人應了解認權證可能在到期時不具任何價值，並要有損失全部購買價金的準備（歸零）。2.以國外成分證券指數股票型證券投資信託基金、追蹤國外期貨指數之指數股票型期貨信託基金、境外指數股票型基金及外國證券或指數為標的之權證，均採無升降幅度限制。3.買賣以外國

證券或指數為標的之權證，應考量匯率及其他風險。（資料來源：公開資訊觀測站→認購（售）權證→認購（售）權證公開銷售說明書查詢→上市認購（售）權證公開銷售說明書查詢）

## TIPS｜證券商的避險工具和方法

避險工具以「標的證券為主」，並輔以標的證券之可轉換公司債及其所拆解出之選擇權部位、標的證券之換股權利證書、附認股權公司債、附認股權特別股、股票選擇權、股票期貨或其他發行人所發行同一標的證券之權證及其他經主管機關核准之避險工具。

Delta（$\delta$）是權證價格變動相對於股票價格變動之比率，因此權證發行人每發行一單位的認購權證，即必須買進 $\delta$ 單位的股票。為彌補股價巨幅波動導致 $\delta$ 避險失真的問題，應將 Gamma（$\gamma$）列入考慮。當 $\gamma$ 值超過某一預設範圍時，意味著 $\delta$ 值的變動程度相當大，此時券商會將 $\gamma$ 避險納入考慮，亦即買進或賣出其他券商所發行相同標的股票之權證，以避免部位暴露於過大的風險中。

證券商開發出權證賣給投資人後，就要考慮用股票或期權等其他工具來避險。因權證和股票被歸為同一類，可在交易所官網上看到自營商的避險狀況，也就是券商買賣權證的股數。（資料來源：公開說明書；台灣證券交易所→交易資訊→三大法人→自營商買賣超彙總表→自營商（避險））

（這段和投資人比較沒有直接相關，如果不懂或覺得太難，可忽略）

# 被警示的權證哪裡找

正常的權證報價可看到「整齊的數字」：委買連續3盤，數字為499（或399）張；委賣也是連續3盤，數字為399（或100）張。券商的掛單量遠比成交量重要。買賣價差越小，對投資人越有利。買賣價差過大，也算是黑心商品。好的權證要有好的造市品質，簡單說就是：「其報價要正常，隱含波動率要穩定，要依說明書規定來做。」黑心券商也會調降隱含波動率，讓權證價格越來越便宜，而將你套在高檔。

---

**TIPS** ｜ **權證的隱含波動率哪裡找？**

「隱含波動率（簡稱隱波）」可以將它視為權證價格的一種表達方式。如果其他條件不變，通常隱波越大，權證越貴。隱波和所有參數帶入 BS model，就可以算出權證的理論價值。而有些券商，並不會提供隱波的趨勢圖，也不會提供隱波理論值，但至少會提供市場投資人造成的隱波值。隱波愈穩定，造市品質越好。

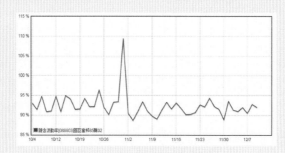

（資料來源：https://warrantsinfo.fbs.com.tw/want/wVolatility.aspx?）

---

　　若投資人買太多後變成為主力，而券商手上太少（低於500張甚至為0）時，券商就無法控制造市品質。當有心人（可能是關係人）變大戶來控制權證價格，券商反而無足輕重只能坐壁上觀。這時券商手上已無籌碼或很少，委賣無法報價，委買報價通常又在5檔以外，投資人也看不到，權證價格完全失控。即使在券商的權證試算器上計算結果，也只是看到「投資人亂搞」的結果，而非券商依「BS model」理論計算得到的結果。

　　這時要先評估是否要進場「拚搏」，我的經驗是要避開此種權證，以免受重傷。但如果一開始買進時都沒問題，到後來才變成有問題，只好自求多福了。（資料來源：公開資訊觀測站→認購（售）權證→權證庫存不足500張彙總表→上市權證造市專戶庫存不足500張彙總表）

## 善用查詢工具

　　權證的價值主要是受「標的現貨價格、履約價格、無風險利率、存續期間、波動率及現金股利」等因素之變動而增減。券商進行風險沖銷，即是針對這些風險參數進行監控，作為調節部位之依據，從而將暴露之風險降至最低。

　　每家發行權證的券商，官網上都會有「權證計算器」，讓你輸入不同的參數，就會得到不同的價格，可以試算預測值。找到自己合適的訊息很重要，我的標準至少要有：「隱波的歷史紀錄、示警專區、市場失真時券商自己真實的委買價試算」，當然訊息越多越好。

　　除了各券商的資訊外，也可以參考「權證資訊揭露平台」。（資料來源：http://warrants.sfi.org.tw/）

# 投資權證的心態

公開說明書隨著時間演進，越來越多「有利於券商的條款」被
列入說明書內，對投資人的保護力量則是越來越弱。投資權證自我
修正後的「正確心態」為「看對應該要賺但比預期少、看錯一定賠
且遠比預期多很多」，這樣比較不會難過。

> 權證漲跌停公式：今日漲跌停價格＝權證昨日收盤價＋／－
> （標的股今日漲跌停幅度 × 執行比例）

權證價格和「執行比例」有相關：執行比例越低，價格敏感度
越低；高執行比例的權證，比較能夠忠實反應價格。

買賣權證的依據，除自己的需求和券商的造市品質外。至少要
注意：

1.到期日越近，時間價值流失越快。

2.深度價外權證（100％無履約價值），對價格不敏感。

3.深度價內權證（100％有履約價值），對價格變化一致，Delta
接近1，失去槓桿意義。

在多數情況下，若由價外15％一路賺進價內，此區間槓桿效果
最好，可獲取暴利。我個人會以「價平」和「長天期」為主，好比
在籃框下長時間投籃，總比長投外線三分球，得分的機率高一些。

既然權證是衍生性金融商的一種，複雜度和專業度會有一定的
門檻。公開說明書中會提到一些「公式和專業名詞」，如果看不懂，
就不該投資這種商品。要知道權證基本的原理原則和嚴格資金管

理。切莫因個案賺到快錢，以為賺權證的錢很容易。現實的世界很殘忍，「一個月內十萬歸零」可能比較寫實一些。

有些黑心商品持續一段時間完全不報價，會讓人套牢無法交易。或許券商會將自己歸類於「某特定事件」而不報價，讓人求助無門。如果遇到不報價或委買量很少時，可打電話給券商，而券商可能佛心的重新「報價或報量」，將你的權證「賤價」回收。

## 自己的權益自己捍衛

雖然公開銷售說明書會提到：「內容如有虛偽或隱匿之情事者，應由發行人及其負責人與其他曾在公開銷售說明書上簽章者依法負責。」但實務上，券商被處分的機會微乎其微。

但如果覺得券商太過分，可以先試著寫陳情信反映給主關機關金管會，但通常都無效。到財團法人金消費融評議中心去申請評議或到法院提起訴訟來討回公道，雖然廢日曠時，但可能實際一些。

（資料來源：https://fscmail.fsc.gov.tw/swsfront35/SWSF/SWSF01014.aspx；https://www.foi.org.tw/Default.aspx?Lang= 1&Role=1）

麥格理權證（Macquarie Capital Limited）是亞洲權證領導品牌，於2018年1月18日成為台灣唯一的外資發行券商。目前看到造勢品質還不錯，也希望能提升本土券商的水準，而不要入境隨俗，隨波逐流來坑殺散戶。如果我們自己有足夠的專業知識，可以利用「期權」來操作，可以達到同樣的效果，也可以避免被券商多扒好幾成皮。

# 第五部

# 讓財富穩定
# 持續成長

# 從股市持續獲利
# 的關鍵做法

要在股市中存活且賺錢，不用在乎短期失利，而是要掌握長期的大勝。

要從股票中持續獲利有方法可循，依照個人投資特性，掌握住關鍵，長期就能提高投報率成為贏家。這些關鍵的做法如下：

## 尋找飆股

人多熱鬧的地方不要去？在股市中，應該修正為「往錢多的」地方去。錢多的地方，往往有熱門標的飆股（強勢股）。飆股人人愛，但見高不敢追，心動下手時卻成為套在高點的最後一隻老鼠，這是很多人的飆股悲歌。要怎麼找強勢股？

簡單的概念就是，看指數（Index）就能了解市場全貌，MSCI是編制指數的其中一家公司，目前全球市場上幾乎每一個研究員、交易員、基金經理、學者，都會參考MSCI的指數做出判讀。許多基金經理人或指數型基金，會以它的成分股做為買賣標的。每當調整或變動，都會對市場產生影響力。被MSCI納入或刪除的成分

股，短期不一定會反應漲跌，但中長期會反應公司競爭力問題。

先確定「大盤指數」再看「類股指數」，類股指數漲（跌）幅度中長期大於大盤指數時，那個類股就是強（弱）勢類股。然後，再從其中挑選最強（弱）的個股。先從技術指標挑出標的，再看看財報表現，最後決定做多（空）。這樣的操作邏輯比較簡單，也相對安全。

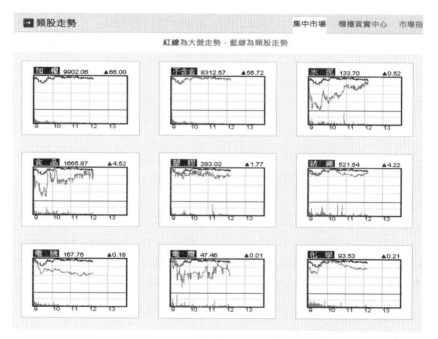

（參考資料：http://pchome.megatime.com.tw/market/）

得知強（弱）勢股之後，再用技術分析看漲（跌）多少了，是不是已經在高（低）檔了。基本上，還是要回到財報和籌碼，看未來還有沒有繼續上漲（下跌）的空間，才決定是否繼續追漲（跌）。基本上，操作是以波段為主。

# 尋找套利機會

人生無處不套利，只要認真尋找，就有機會找到。例如，現股和個股期貨之間的價差、預期匯率升貶時、商品原物料近月與遠月的價差、「台股與ADR價差」等等。

> 公式：「ADR股價÷換股數×匯率＝台灣股價」

舉例，每單位台積電ADR相當於台股5股台積電普通股，以2018年12月12日新台幣匯市收盤價30.881元計算，ADR以12月13日收盤價37.33美元，相當台股台積電每股為230.6元（＝37.33÷5×30.881），而台積電12月12日收盤價226.5元。長期追蹤兩地間的差值，當出現差值過大時，兩者就有套利空間。

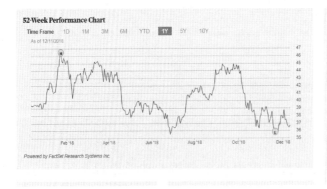

（資料來源：https://www.adrbnymellon.com/search?q=TSM）

只要道瓊沒崩盤（短期大跌20％以上而進入空頭市場），投資股市就沒有悲觀的理由。如果某績優股票大跌或某國家指數大跌，都可以伺機進場。如果進入空頭市場，就先停看聽暫時觀望一下。

## 耐心等待轉機股

例如宏碁，2018年利多不斷，陳董也宣誓要拉股價和市值，自己也不斷買進自家公司股票來宣示信心。拉股價並不是要聯合市場主力炒股，而是加強公司基本面和產業競爭力、提高產品毛利率、提高股東權益等等，將自己做大做強。正直公司的股價若在低檔整理，如能長期持有，股價會有機會重返榮耀。

## 危機入市

2008年金融海嘯至今已十年，許多人還有陰影存在。也不管政經局勢如何改變，散戶和末世論者就一直是偏空心態，所以錯失許多危機入市的好時機。2016年6月24日英脫歐、2016年12月19日確定川普當選等「利空」，只是嚇自己而已。

2018年最夯的「通膨和貿易戰」也來攪局。看懂趨勢的人就視為「雜訊」不予理會，看不懂的人就以為要崩盤了，賣出股票或甚至反手做空。每次事後諸葛，2月6日全球股市大幅回檔，也是加碼的好時機，做空者大賠退場。隨後道瓊又從4月2日23345點漲到9月1日25965點，許多股票如蘋果、亞馬遜等等，持續創歷史新高到10月初漲勢才結束。每次都有這種好機會，只是一般人不敢進場，

甚至做錯方向，搶短線者。當然也要見好就收。

　　當台灣加權股票指數跌破十年線時，市場情緒最恐慌，大家爭相恐後賣股之際，卻是「分批進場」的好時機。現在跌破年線或忽然一天內大跌5％以上，都可買進績優產業龍頭股，長期持有。

## 景氣循環股

　　如果個股和指數短期內超跌，或景氣循環類股，早晚會回到應有的價位，逢低加碼長期持有，也會有超額報酬。

　　景氣循環股的選股邏輯和原則，與績優股是完全不同的。景氣循環是因產品價格隨景氣波動，對企業獲利影響甚鉅，產業以DRAM和面板（曾名列四大慘業）、石化、鋼鐵、水泥和航運最具代表性。投資景氣循環股應買在PE高，甚至是公司虧損的時候。公司賺錢時，EPS高，PE低，可能在景氣循環的高點和股價高點。而公司賠錢時，沒有EPS，可能在景氣循環的低點和股價低點。

　　台灣的某些景氣循環股因國際競爭力衰退，撐不過景氣循環而公司破產下市。或在景氣轉好時，股價反彈幅度越來越小。有疑慮的公司股票最好還是不要碰，買賣股票都以財報為主。

　　航運走空已經超過十年，波羅的海乾散貨指數（Baltic Dry Index，縮寫作BDI）是航運業的領先指標，目前慢慢好轉中。影響散裝航運景氣之因素：全球GDP成長率；全球鐵礦及煤礦運輸需求量；全球穀物運輸需求量；全球船噸數供給量；國際船用燃油平均油價、戰爭及天然災害。BDI是海岬型（BCI）、巴拿馬型（BPI）及輕便型（BSI）各佔權重三分之一的綜合指數，是反映國際間貿易

情況的領先指數。

　　BDI指數於2008年5月20日達到11793點歷史紀錄，一路下跌到2016年2月10日創下290點新低，其後有所回升。12月12日，BDI指數為1271點。如果要買航運股，要有耐心，至少等到BDI指數回到2000點以上再說。

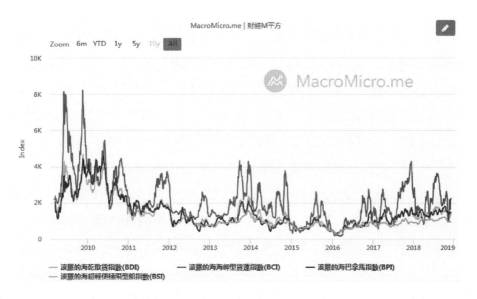

（資料來源：https://www.macromicro.me/charts/773/baltic-dry-index）

## 半導體類股

半導體類股佔台股的權重不低，佔台灣GDP和出口比重也很高。尤其是龍頭股台積電，更見觀瞻。台股的領先指標，通常是台積電。而台積電的領先指標，是半導體的BB值。同時，台積電也是費城半導體的成分股之一。

SEMI北美半導體B／B值（SEMI BOOK-to-Bill Ratio），是由國際半導體設備與材料產業協會（SEMI）所發布的指標。指北美地區半導體設備商「接到的未來訂單（Book）」與「實際出貨（Bill）」總金額的比率，得到的數值稱之B／B值，常被視為觀察全球半導體產業榮枯與景氣的重要指標。

由於半導體設備採購金額龐大，因此SEMI採「三個月移動平均」的形式，將過去三個月訂單、出貨總值各自加總後平均，以得到的兩個平均數值來計算。BB值大於1，代表廠商接單良好，未來景氣樂觀。BB值跌破1，則反映出廠商接單情形在惡化當中。

全世界對BB值最敏感的區域，大概就是台灣了。因為台灣有全世界的最完整的半導體製造供應鏈，921大地震驚動全世界科技業時，最先供電的地方不是南投災區而是竹科，就知道台積電和竹科對全世界有多重要。

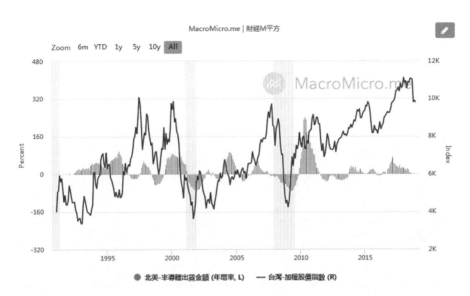

（資料來源：https://www.macromicro.me/charts/707/tw-bb-ratio-twse，資料日期 2018 年 12 月 12 日）

　　好股票遇到爛時機，也是介入的好機會。例如台積電，在 2018 年 1 月 23 日達 266 元歷史紀錄後，回跌到 6 月 28 日 210 元，10 月 1 日又彈到 266 元（不含除息 8 元）。像這種超大型績優股，每日跌幅若超過 5％以上，就直接買進。只要基本面沒有大幅變化，拉回就是買點，長期持有就是大贏家。

## 日常必需品

　　統一超商、中華電信、台灣高鐵等和日常生活密不可分的必需品，也是投資的好標的，如果是特許行業或國家政策支持會更好。

　　舉例，2018 年我拿紅包幫女兒投資高鐵，農曆年後開紅盤，2 月

21日以22.35元買進，到8月31日收盤價25.9元，含7月31日除息0.95元，帳面獲利19.21％。而2017年紅包錢買中鋼，一年多帳面獲利才5.63％，很遜。像高鐵這種股票，獲利20％可以先出場或繼續擺著，不用太擔心。若遇股災下跌，再進場加碼。

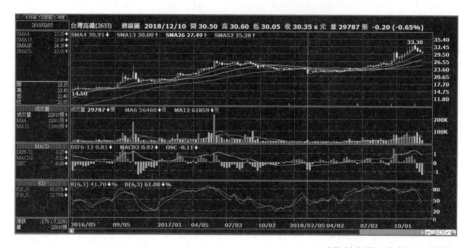

（資料來源：富邦e01軟體）

## 從股市中持續獲利

　　會讓你賺錢的股票就不要輕易放過，可透過來回操作獲利。「台灣50」、「中型100」和「MSCI」，這些「優質中大型股票成分股」都可列入觀察名單。這樣的操作方式雖然可能會錯失飆股，但也有機會避開地雷股。

　　多看產業報告，多了解金錢流向，就有機會找到好的投資標的。就自己了解或感興趣的公司，深入研究財報和公司競爭力。逢低加碼長期持有該公司股票，看起來平凡無奇但卻是獲利的關鍵。

# 黑猩猩選股法

2018年10月，國際股市和台股遇到亂流後，波動變大。好公司（有寬大護城河）的股票，低價持續買進並長期持有，將是贏家。如果擔心個股風險太高，持有一籃子股票的投資組合，會讓人更安心。這種價值投資法，我暱稱是「黑猩猩選股法」。

## 投資績效至少要打敗0050

　　1980年代末，《華爾街日報》組織了一場公開競賽，參賽一方是黑猩猩，另一方是華爾街當時最著名的分析師。黑猩猩向《華爾街日報》股票大表射飛鏢來確定投資組合，分析師則通過研究選出股票組合。結果分析師的成績並不比黑猩猩強。從此「黑猩猩選股法」聲名大噪，就是諷刺那些領高薪但績效差的基金經理人。

　　聽說黑猩猩的智商有6歲，相當於小一程度。我們對未來是無知的，不知公司會如何，也無法預測股價。既貪婪也恐懼，既不研究也不學習，也常常搞不清楚狀況，投資智商有可能比在叢林中機敏行事的黑猩猩還要低。

　　你可用「自己賺到錢」的經驗，例如投資高殖利率或ROE的股

票，來增加勝率。如果利用適當的財報參數，再從0050權值股中精挑細選，投資績效肯定可以完勝0050，更不用提基金經理人了。一般人定期定額買0050，長期就能打敗定存和通膨。而主動型基金經理人，長期而言，不到2成的人才有機會打敗ETF。

## 黑猩猩選股法的投資績效

可以用自己的指標設計「黑猩猩桌遊」。這裡提供2種方式來紙上模擬。如果沒有那麼多錢，按比例買零股也行，一樣可以複製投資報酬率。

### 一、如果只用EPS篩選股票，績效會是如何？

1. 用2008年的0050成分股，過濾連續5年且每年EPS大於3元的股票，包含最艱困的2008年（2006年到2010年），選出14檔股票。

2. 假設每年開紅盤（2011年1月3日、2012年1月2日、2013年1月2日、2014年1月2日、2015年1月5日）就買一張股，買進並持有5年。股票股利不賣，但股息不繼續投入。經紙上模擬並於2015年12月3日結算，在不考慮交易成本之下，上述14檔股票的投資組合報酬率（依不同情境為30.26%～49.58%），遠勝0050（16.51%）。情境2為股價超過300元者不買。

3. 投資「一籃子股票」，就不用太擔心選錯「個股」的問題。這個方法不保證賺錢，只是績效「相對好」而已。

| 代號 | 股票 | 個股投資總金額 | 累計總投資報酬率 | 個股投資百分比（情境一） | 個股加權後報酬率（情境一） | 個股投資百分比（情境二） | 個股加權後報酬率（情境二） |
|---|---|---|---|---|---|---|---|
| 2498 | 宏達電 | 1983000 | −72.84% | 13.3% | −9.65% | 0.00% | 0.00% |
| 3008 | 大立光 | 5674000 | 132.95% | 37.9% | 50.42% | 0.00% | 0.00% |
| 2454 | 聯發科 | 1916000 | −16.23% | 12.8% | −2.08% | 0.00% | 0.00% |
| 2317 | 鴻海 | 455200 | 37.67% | 3.0% | 1.15% | 8.45% | 3.18% |
| 2354 | 鴻準 | 458100 | −5.76% | 3.1% | −0.18% | 8.50% | −0.49% |
| 2474 | 可成 | 836000 | 101.11% | 5.6% | 5.65% | 15.52% | 15.69% |
| 2382 | 廣達 | 339500 | −1.68% | 2.3% | −0.04% | 6.30% | −0.11% |
| 2353 | 宏碁 | 188600 | −66.52% | 1.3% | −0.84% | 3.50% | −2.33% |
| 2308 | 台達電 | 676500 | 30.78% | 4.5% | 1.39% | 12.55% | 3.86% |
| 2412 | 中華電 | 453100 | 25.45% | 3.0% | 0.77% | 8.41% | 2.14% |
| 3231 | 緯創 | 181600 | −33.29% | 1.2% | −0.40% | 3.37% | −1.12% |
| 2330 | 台積電 | 489700 | 56.22% | 3.3% | 1.84% | 9.09% | 5.11% |
| 2912 | 統一超 | 903500 | 24.85% | 6.0% | 1.50% | 16.77% | 4.17% |
| 1301 | 臺塑 | 406500 | 2.02% | 2.7% | 0.05% | 7.54% | 0.15% |
| 0050 | 台灣50 | 290010 | 16.51% | 100% | 16.51% | 100% | 16.51% |
| 全部投資金額和報酬率 | | | | 14961300 | 49.58% | 5388300 | 30.26% |

（資料來源：http://www.twse.com.tw/zh/page/trading/exchange/STOCK_DAY.html，吳家揚試算整理）

## 二、如果用EPS和毛利率來篩選股票，績效又是如何？

正派經營公司就是要賺錢，要給投資人回報，EPS是底線。高毛利率，可當護城河的指標之一。永遠要記得：「毛利率很重要。」公司設定毛利後，就會決定公司所需的資本額、銷售量、費用、營收，甚至決定公司是否能活下去。

台灣「毛3到4」的公司很多，當典範移轉或受紅色供應鏈壓迫時，就回天乏術慘兮兮了。除了挑高EPS之外，若再加上高毛利率，就可以在0050中篩選出最強大的公司，也更安心。


1. 以上述歷經金融海嘯表現十分優異的14檔股票，連續5年以上（2013年Q1到2018年Q2），用每年「EPS大於3元和毛利率大於30%」為選股標準，只剩6檔股票。

2. 假設每年元旦開紅盤（2014年1月2日、2015年1月5日、2016年1月4日、2017年1月3日、2018年1月2日）就買一張股，買進並持有5年。股票股利不賣，但股息不繼續投入。紙上模擬並於2018年8月31日結算，在不考慮交易成本之下，這6檔股票的投資組合報酬率如列表。這段期間經歷2015年8月24日台股指數暴跌至7203點，指數也曾站上萬點500多天。

| 代號 | 股票 | 累計報酬率（%） | 情境一 | | 情境二 | | 情境三 | | 情境四 | | 情境五 | |
|---|---|---|---|---|---|---|---|---|---|---|---|---|
| | | | 個股百分比（%） | 加權後報酬率（%） | 個股百分比（%） | 加權後報酬率（%） | 個股百分比（%） | 加權後報酬率（%） | 個股百分比（%） | 加權後報酬率（%） | 個股百分比（%） | 加權後報酬率（%） |
| 3008 | 大立光 | 77.52 | 71.88 | 55.72 | 33.8 | 26.22 | 0.0 | 0.00 | 8.00 | 6.20 | 8.00 | 6.20 |
| 2454 | 聯發科 | -13.27 | 8.65 | -1.15 | 20.3 | -2.70 | 30.7 | -4.08 | 8.00 | -1.06 | 0.00 | 0.00 |
| 2474 | 可成 | 59.23 | 6.65 | 3.94 | 15.6 | 9.27 | 23.6 | 14.00 | 8.00 | 4.74 | 8.00 | 4.74 |
| 2412 | 中華電 | 24.89 | 2.58 | 0.64 | 6.1 | 1.51 | 9.2 | 2.28 | 8.00 | 1.99 | 8.00 | 1.99 |
| 2330 | 台積電 | 72.47 | 4.17 | 3.02 | 9.8 | 7.11 | 14.8 | 10.74 | 60.00 | 43.48 | 68.00 | 49.28 |
| 2912 | 統一超 | 53.33 | 6.08 | 3.24 | 14.3 | 7.64 | 21.6 | 11.54 | 8.00 | 4.27 | 8.00 | 4.27 |
| 總報酬 | | | 65.42 | | 49.04 | | 34.48 | | 59.62 | | 66.47 | |
| 0050 | 台灣50 | | 總報酬：37.68 | | | | | | | | | |

（資料來源：http://www.twse.com.tw/zh/page/trading/exchange/STOCK_DAY.html，吳家揚試算整理）

情境一：可以創造總報酬65％。

情境二：大立光每年只買200股零股，創造49％報酬。

情境三：沒買大立光，報酬率甚至比0050還差，白忙一場，不如直接買0050就好，38％。

情境四：仿0050依權重調整（2018年7月31日台積電占0050比重33.07％、大立光2.96％、中華電 2.26％、聯發科 2.09％、統一超 1.06％、可成 1.56％），報酬率60％。

情境五：仿0050依權重調整，但負報酬的聯發科不投，報酬率66％。

由表可知，投報率比0050高的股票為大立光、台積電、可成和統一超。最近5年要打敗大盤0050，最好要買到這些「好股票」。大

立光雖然貴，但投資組合少不了。

## 好股票股價拉回時要勇敢買進

　　大立光的基本面強，是成長股，也曾是飆股。台積電的世界霸主地位未來幾年內完全沒有對手，股價一路緩升，也曾是強勢股。可成，當好股票遇到爛股價，就是加碼的好時機。統一超是國內超商龍頭股，已算是生活必需品了。

　　我一段時間會來模擬試算這14檔（或6檔）股票的投資情境，結果也會隨著股價變化而不同。或可以利用各種參數，試玩各種股票投資的組合，當成下單的依據。如果連歷史資料模擬試算都沒有辦法賺錢，就不該投入股市。暫時先忘記股票波動吧，否則很容易「追高殺低」賠大錢。透過「集中投資」少數績優股，長期持有就可創造出優秀的報酬率。當這些公司的EPS或毛利率持續衰退時，就該獲利出場。找出對自己有利的策略和方法，愈簡單越好，持之以恆，長期都會是贏家。

| EPS | 大立光 | 台積電 | 可成 | 中華電 | 聯發科 | 統一超 |
|---|---|---|---|---|---|---|
| 2018Q2 | 41.01 | 2.79 | 14.06 | 1.27 | 4.75 | 2.53 |
| 2018Q1 | 29.96 | 3.46 | 4.75 | 1.13 | 1.69 | 2.44 |
| 2017Q4 | 64.17 | 3.83 | 10.73 | 1.12 | 6.5 | 21.54 |
| 2017Q3 | 57.92 | 3.46 | 9.59 | 1.31 | 3.26 | 2.97 |
| 2017Q2 | 35.15 | 2.56 | 5.32 | 1.34 | 1.51 | 2.68 |
| 2017Q1 | 36.41 | 3.38 | 2.71 | 1.24 | 4.29 | 2.64 |
| 2016Q4 | 63.06 | 3.86 | 12.37 | 1 | 3.23 | 1.9 |
| 2016Q3 | 51.89 | 3.74 | 5.8 | 1.23 | 4.98 | 2.72 |
| 2016Q2 | 27.51 | 2.79 | 5.01 | 1.43 | 4.16 | 2.49 |
| 2016Q1 | 27.01 | 2.5 | 5.4 | 1.5 | 2.79 | 2.35 |
| 2015Q4 | 50.09 | 2.81 | 9.18 | 1.22 | 2.83 | 1.44 |
| 2015Q3 | 61.17 | 2.9 | 10.58 | 1.52 | 5.09 | 2.36 |
| 2015Q2 | 35.96 | 3.06 | 6.81 | 1.44 | 4.06 | 2.09 |
| 2015Q1 | 32.86 | 3.05 | 6.04 | 1.34 | 4.62 | 2.03 |
| 2014Q4 | 55.4 | 3.09 | 8.41 | 1.04 | 6.63 | 1.39 |
| 2014Q3 | 39.4 | 2.94 | 6.3 | 1.26 | 8.52 | 2.38 |
| 2014Q2 | 27.75 | 2.3 | 4.84 | 1.36 | 8.07 | 2.11 |
| 2014Q1 | 22.36 | 1.85 | 3.97 | 1.32 | 6.82 | 2.86 |
| 2013Q4 | 25.38 | 1.73 | 4.62 | 1.19 | 6.43 | 1.41 |
| 2013Q3 | 17.3 | 2 | 3.7 | 1.37 | 6.28 | 2.16 |
| 2013Q2 | 15.17 | 2 | 4.84 | 1.37 | 5.01 | 2.22 |
| 2013Q1 | 13.79 | 1.53 | 5.22 | 1.19 | 2.79 | 1.94 |

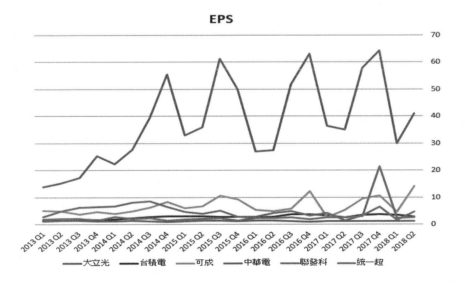

EPS

大立光　　台積電　　可成　　中華電　　聯發科　　統一超

（資料來源：https://www.wantgoo.com/，吳家揚製圖）

| 毛利率% | 大立光 | 台積電 | 可成 | 中華電 | 聯發科 | 統一超 |
|---|---|---|---|---|---|---|
| 2018Q2 | 68.61% | 47.81% | 42.26% | 38.14% | 38.21% | 34.22% |
| 2018Q1 | 63.33% | 50.33% | 41.75% | 35.77% | 38.44% | 34.78% |
| 2017Q4 | 71.68% | 49.99% | 43.48% | 31.87% | 37.39% | 33.33% |
| 2017Q3 | 67.94% | 49.93% | 42.56% | 36.81% | 36.42% | 33.64% |
| 2017Q2 | 66.49% | 50.83% | 48.13% | 36.99% | 35.00% | 33.08% |
| 2017Q1 | 70.94% | 51.94% | 48.95% | 36.51% | 33.50% | 32.75% |
| 2016Q4 | 70.66% | 52.29% | 50.05% | 33.70% | 34.53% | 32.76% |
| 2016Q3 | 67.83% | 50.71% | 42.64% | 34.18% | 35.22% | 32.87% |
| 2016Q2 | 66.37% | 51.55% | 36.11% | 37.27% | 35.23% | 33.12% |
| 2016Q1 | 59.68% | 44.88% | 42.81% | 38.35% | 38.11% | 32.37% |
| 2015Q4 | 59.90% | 48.60% | 44.86% | 32.78% | 38.53% | 33.02% |
| 2015Q3 | 55.10% | 48.15% | 46.52% | 39.66% | 42.67% | 31.98% |
| 2015Q2 | 57.72% | 48.53% | 47.43% | 37.26% | 45.91% | 32.39% |
| 2015Q1 | 56.72% | 49.29% | 46.61% | 35.02% | 47.33% | 31.59% |
| 2014Q4 | 50.66% | 49.68% | 47.88% | 29.76% | 47.94% | 32.14% |
| 2014Q3 | 52.49% | 50.51% | 48.83% | 35.06% | 49.13% | 32.45% |
| 2014Q2 | 58.20% | 49.83% | 49.23% | 37.19% | 49.55% | 32.51% |
| 2014Q1 | 55.61% | 47.48% | 41.32% | 36.42% | 48.31% | 31.60% |
| 2013Q4 | 48.28% | 44.47% | 41.69% | 34.07% | 45.71% | 31.77% |
| 2013Q3 | 47.11% | 48.56% | 41.66% | 36.91% | 43.94% | 32.33% |
| 2013Q2 | 50.45% | 49.02% | 44.48% | 36.82% | 43.23% | 31.48% |
| 2013Q1 | 41.86% | 45.77% | 41.72% | 33.85% | 42.09% | 30.82% |

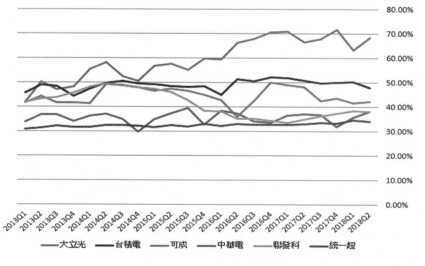

（資料來源：https://www.wantgoo.com/，吳家揚製圖）

# 用投資型保單
# 來操作月配息高收債基金，
# 可增加收益

近幾年，高收債基金幾乎跌倒谷底。進一步分析探討，之前造成高收益債基金下跌的兩大因素為：

1.北海布蘭特原油價格迅速地從100元下殺至30元，造成頁岩油或石油高投資比重的高收債基金價格慘跌，投資人全面性瘋狂殺出高收債基金，連帶頁岩油或石油投資比重低者亦受波及。

2.美國升息效應。投資人並未細究政府公債與高收債的差異，忽略「高收債對利率敏感度不高」的事實，高收債基金慘遭錯殺而重挫。

讓原以為「債券型基金是穩健且保本」的投資人更是大驚失色，此時該如何看待高收債基金前景？從資產規劃的角度，高收債基金仍可是資產配置的一環。如果在適當工具操作高收債基金，可以運用基金轉換的方式，組合出最佳配對，提升投資報酬率。

# 從5000元開始,以小錢搏大錢

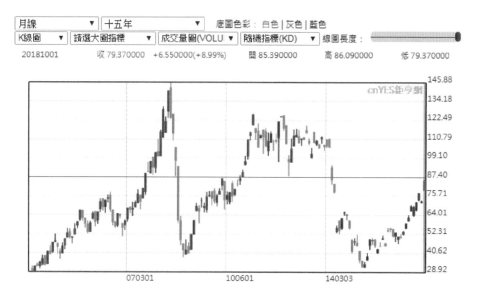

（資料來源：https://www.cnyes.com/futures/html5chart/BREN.html）

（資料來源：https://www.moneydj.com/ETF/X/Basic/Basic0002.xdjhtm?etfid=JNK）

# 債券種類和風險

債券的種類多，常見分類的有政府公債、投資等級公司債和高收益債，其中一般所指的高收益債券，簡單來說，就是信用等級較低、違約可能性較高與收益率較高的債券，亦稱為「非投資等級債」或「垃圾債券」。

一如所有的投資，債券投資的風險與報酬亦是相對的。一般而言，高收債違約風險最高，報酬率也最高；而政府公債違約風險最低，當然報酬率也最低。債市投資風險及投資報酬率為：高收益債＞投資等級公司債＞政府公債。

要特別提醒投資人，高收債基金與股票的相關係數高達0.92，它的特性比較接近「股票」而非政府公債，要避免看到「債券」兩字就有穩健低風險的既定印象。債信評等較低的債券，通常會支付較高的票面利率來吸引投資人，做為投資人承擔額外風險所應獲得的補償。同樣地，投資人有會有拿不到利息或本金的信用違約風險。

高收債基金投資要注意流動性風險，尤其是基金資產規模太小或新興市場遭遇金融市場大幅變動，導致基金資產大幅減損時，可能會面臨清算、暫停贖回、暫停報價或採公平淨值調整機制，造成損失。

# 利用保單賺更多

　　只要是投資，都可以先模擬試算，待有把握後再投入資金。面對高收債基金淨值下跌困境時，透過投資方式的調整，以基金的配對轉換即有機會提高投資報酬率。

## 對抗基金下滑的絕招

　　從投資型保單月配息高收債基金實際案例中，說明基金轉換的操作及影響：投資型保單新契約2014.07.28成立，投入400萬元買高收債基金，扣除4％前置費用16萬元，到2014.12.01結算，來模擬試算三種情境。

> 　　情境一：AB雙轉，拿到配息共155959元，投資帳戶餘額3755584元，投資報酬率1.86％。

| | 交易日期 | 基金 | 交易金額 | 收益提解基準日 | 交易淨值 | 淨值日期 | 匯率 | 匯率日期 | 收益提解率 | 匯率適用日 | 基金轉換費用 | 美元換算試算 | 單位數試算 | 月配息 | 台幣 |
|---|---|---|---|---|---|---|---|---|---|---|---|---|---|---|---|
| 新契約的投入 | 20140728 | 新契約 | 3840000 | | | | | | | | | | | | |
| 新契約的基金轉入 | 20140818 | A | | | 4.73 | 20140819 | 30.0625 | | | | | 127733.8877 | 27005.05026 | | |
| 基金轉出 | 20140901 | A | | | 4.71 | 20140902 | | | | | | -127193.7867 | -27005.05026 | | |
| 基金轉入 | 20140901 | B | | | 103.64 | 20140904 | | | | | | 127193.7867 | 1227.265406 | | |
| 基金月配息 | 20140909 | A | | 20140828 | | | 29.912 | | 0.0213 | 20140905 | | | | 17205.6089 | |
| 基金月配息 | 20140919 | A | | 20140905 | | | 30.194 | | 0.567 | 20140918 | | | | 21010.7813 | |
| 基金轉出 | 20140923 | A | | | 101.89 | 20140924 | | | | | | -125046.0723 | -1227.265406 | | |
| 基金轉入 | 20140923 | A | | | 4.62 | 20140926 | | | | | | 125046.0723 | 27066.24941 | | |
| 基金轉出 | 20140930 | A | | | 4.59 | 20141001 | | | | | r | -124234.0848 | -27066.24941 | | |
| 基金轉入 | 20140930 | B | | | 101.25 | 20141003 | | | | | | 124234.0848 | 1227.003307 | | |
| 基金月配息 | 20141007 | A | | 20140929 | | | 30.4285 | | 0.0213 | 20141006 | | | | 17542.3684 | |
| 基金月配息 | 20141020 | B | | 20141007 | | | 30.35 | | 0.567 | 20141017 | | | | 21114.8251 | |
| 基金轉出 | 20141024 | A | | | 101.74 | 20141027 | | | | | | -124835.3164 | -1227.003307 | | |
| 基金轉入 | 20141024 | A | | | 4.61 | 20141029 | | | | | | 124835.3164 | 27079.24434 | | |
| 基金轉出 | 20141103 | A | | | 4.59 | 20141104 | | | | | r | -124293.7315 | -27079.24434 | | |
| 基金轉入 | 20141103 | B | | | 101.63 | 20141106 | | | | | | -124293.7315 | -1223.002376 | | |
| 基金月配息 | 20141107 | A | | 20141030 | | | 30.529 | | 0.0213 | 20141106 | | | | 17608.7579 | |
| 基金月配息 | 20141120 | B | | 20141107 | | | 30.795 | | 0.577 | 20141119 | | | | 21731.1807 | |
| 基金轉出 | 20141121 | B | | | 100.49 | 20141124 | | | | | | -122899.5088 | -1223.002376 | | |
| 基金轉入 | 20141121 | A | | | 4.58 | 20141126 | | | | | | 122899.5088 | 26833.95389 | | |
| 基金轉出 | 20141201 | A | | | 4.51 | 20141202 | | | | | | -121021.132 | -26833.95389 | | |
| 基金轉入 | 20141201 | B | | | 99.75 | 20141204 | | | | | -500 | 121005.022 | 1213.083928 | | |
| 基金月配息 | 20141205 | A | | 20141126 | | | 31.097 | | 0.0213 | 20141204 | | | | 17773.9014 | |
| 基金月配息 | 20141219 | B | | 20141208 | | | 31.3855 | | 0.577 | 20141218 | | | | 21968.2446 | |
| 月配息總金額 | | | | | | | | | | | | | | 155955.668 | |
| 結算 | 20141201 | B | | | 31.0966 | | | | | | | | 1213.083928 | | 3755584.47 |
| 總計 | | | | | | | | | | | | | | | 3911540.13 |
| 投報率 | | | | | | | | | | | | | | | 1.86302% |

（吳家揚製表）

情境二：只買Ａ不轉換，拿到配息共70156元，投資帳戶餘額3838704元，投資報酬率1.79％。

| | 交易日期 | 基金 | 交易金額 | 提解金額 | 收益提解基準日 | 原幣金額(US) | 交易淨值 | 淨值日期 | 單位數 | 匯率 | 收益匯解率 | 匯率適用日 | 美元換算試算 | 單位數試算 | 月配息 | 台幣 |
|---|---|---|---|---|---|---|---|---|---|---|---|---|---|---|---|---|
| 新契約投入 | 20140728 | 新契約 | 3840000 | | | | | | | | | | | | | |
| 基金轉入 | 20140818 | A | | | | | 4.73 | 20140819 | 28128.24313 | 30.0625 | | | 127733.8877 | 27005.05026 | | |
| 基金月配息 | 20140909 | A | | 17921 | 20140828 | | | | 28128.24313 | 29.912 | 0.0213 | 20140905 | | 27005.05026 | 17205.60885 | |
| | 20140923 | A | | | | 130243.7 | 4.62 | 20140926 | 28191.27706 | | | | 124763.3322 | 27005.05026 | | |
| 基金月配息 | 20141007 | A | | 18271 | 20140929 | | | | 28191.27706 | 30.4285 | 0.0213 | 20141006 | | 27005.05026 | 17502.7 | |
| | 20141024 | A | | | | 129453.53 | 4.61 | 20141104 | 28203.28394 | | | | 124493.2817 | 27005.05026 | | |
| 基金月配息 | 20141107 | A | | 18340 | 20141030 | | | | 28204.09978 | 30.529 | 0.0213 | 20141106 | | 27005.05026 | 17560.5 | |
| | 20141121 | A | | | | 128001.43 | 4.58 | 20141126 | 27947.91048 | 31.097 | 0.0213 | 20141204 | 129683.1302 | 27005.05026 | | |
| 基金月配息 | 20141205 | A | | 18512 | 20141126 | | | | 27947.91048 | | | | | | 17887.22982 | |
| 月配息總金額 | | | | | | | | | | | | | | | 70156.0545 | |
| 結算 | 20141201 | A | | | | | | | | 31.0366 | | | | 27005.05026 | | 3838702.839 |
| 總計 | | | | | | | | | | | | | | | | 908654.893 |
| 投報率 | | | | | | | | | | | | | | | | 1.7932% |

（吳家揚製表）

情境三：只買Ｂ不轉換，拿到配息共86528元，投資帳戶餘額3815626元，投資報酬率1.62％。

| | 交易日期 | 基金 | 交易金額 | 提解金額 | 收益提解基準日 | 原幣金額(US) | 交易淨值 | 淨值日期 | 單位數 | 匯率 | 收益匯解率 | 匯率適用日 | 美元換算試算 | 單位數試算 | 月配息 | 台幣 |
|---|---|---|---|---|---|---|---|---|---|---|---|---|---|---|---|---|
| 新契約投入 | 20140728 | 新契約 | 3840000 | | | | | | | | | | | | | |
| 基金轉入 | 20140901 | B | | | | 132480.69 | 103.64 | 20140904 | 1278.2776 | 30.0625 | | | 127733.8877 | 1232.476725 | | |
| 基金月配息 | 20140919 | B | | 21884 | 20140905 | | | | 1278.2776 | 30.194 | 0.567 | 20140918 | | 1232.476725 | 2099.99906 | |
| | 20140930 | B | | | | 129394.69 | 101.25 | 20141003 | 1277.97225 | | | | 124788.2664 | 1232.476725 | 2209.01409 | |
| 基金月配息 | 20141020 | B | | 21992 | 20141007 | | | | 1277.97225 | 30.35 | 0.567 | 20141017 | | 1232.476725 | 2209.01409 | |
| | 20141103 | B | | | | 129453.53 | 101.63 | 20141106 | 1273.7728 | | | | 125256.6095 | 1232.476725 | | |
| 基金月配息 | 20141121 | B | | 22653 | 20141107 | | | | 1273.7728 | 30.795 | 0.577 | 20141119 | | 1232.476725 | 21899.52766 | |
| | 20141201 | B | | | | 126025.81 | 99.75 | 20141204 | 1263.41664 | | | | 122939.5535 | 1232.476725 | | |
| 基金月配息 | 20141219 | B | | 22880 | 20141208 | | | | 1263.41664 | 31.3855 | 0.577 | 20141218 | | | 22319.45528 | |
| 月配息總金額 | | | | | | | | | | | | | | | 8652.7.9061 | |
| 結算 | 20141201 | B | | | | | | | | 31.0366 | | | | 1232.476725 | | 3815625.739 |
| 總計 | | | | | | | | | | | | | | | | 3902153.735 |
| 投報率 | | | | | | | | | | | | | | | | 1.6189% |

（吳家揚製表）

　　此案例為基金淨值下滑時，透過轉換進而提高報酬率。要提醒的是，此做法追求相對報酬而非絕對報酬，各種投資工具都會有相關的成本，找到有利的條件才能做。

　　只要來得及配息，「投資組合Ａ＋Ｂ」的投資報酬率大於「單一基金Ａ或Ｂ」的投資報酬率就可以轉換。這沒有學問，就是要先行

試算，兩兩配對找到標的。如果對4個月的試算結果不放心，可以試算3年甚至10年的歷史資料，直到有信心為止。當然歷史資料模擬試算的結果並不能保證未來獲利，所以每隔一段時間要關心自己的投資績效。

進行轉換時要注意配息基準日，基金持有到基準日未賣出者，可參與當月配息。基金申請日為T（正常上班時間內），從A基金轉到B基金需要T＋3工作日。轉換期間不包含台灣和外國交易例假日。例如，台灣忽然放一個天氣晴朗的颱風假，可能造成轉換天數不足，而造成配息損失。通常在基金公司網站就可以看到一整年的基金行事曆，包含配息基準日、除息日和休市公告等訊息。

基金代理公司隨時有可能去更新國外的資訊，最好轉換前先去看一下或詢問相關公司，避免留在舊的或錯誤的訊息中。雖然有時會來不及配息，但如果基金的淨值下降太快，還是要轉移別的標的會比較安全。

高收債基金的獲利來源主要來自固定收益（此例為月配息）和資本利得，投資報酬率等於配息加投資帳戶餘額後，再除以原來投入金額。要特別強調的是「基金配息並不代表保證保本或保證獲利」，如果配息無法抵銷淨值虧損，總報酬率還是負值，是虧損的狀態。

## 額外的好處

要清楚自己購買的目的，此定期基金轉換方法有機會創造額外的報酬。月配型的好處是落袋為安，是單利，適合退休人士或每個

月都需要錢的人。累積型的好處是複利，適合可以承受風險且長時間持有的人。

除前置費用（2%～5%）外，基金轉換並非無償。投資型保單有每年有6次免費的轉換，超過6次時，每轉換一次手續費500元，直接從基金淨值中扣除。基金轉換費用會影響報酬率，各家保單相關費用或有差異，事前要確認清楚。

基金用保單買的好處：1. 節省遺產稅（大多數人用不到）；2. 終生轉換標的的總成本降低很多（一般人不會算）。雖然保單表面上前置費用，可能比銀行高，銀行的前置費用「每次」小於3%（還有VIP折扣），或許還有「後收費用」。但一生要買ABC三家以上不同公司的基金，總費用就比保單高了。

趁早買，保單比較不會有「實質課稅」的問題，要計入遺產稅的機率很低，除非是投資績效太好，基金的價值超過保額太多。目前只有少數有錢人被國稅局盯上，最後投資獲利的部分被課到遺產稅。每個人死亡時都必須要申報遺產稅，但只有少數的人要繳遺產稅。保單被實質課稅的人，通常是70歲以上才買的有錢人，他們被課稅的保單中也有傳統型的增額壽險。

## 任何月配息基金都可以這樣做

任何月配息的基金，可從其中挑選進行配對。透過公開資訊可研判，哪些基金適合轉換。可依循示範，模擬試算個人有興趣之標的，透過此方式試算如投資報酬率不如預期時要找出原因，調整投資組合標的，重新再配對，找出最適方案。

月配息適合每個月期望有現金流入的族群，但此配息金額仍會隨著匯率、基金公司配息政策和投資績效而變化，另外因為每月配息金額已經配到保單之外，配息金額在投資型保單中損失「再投資」機會。而資本利得是淨值波動，會隨市場環境、違約率和投資人心情而有劇烈變化。

投資高收益債基金或任何基金要不要選擇配息？應該視個人的投資理財目標而定。如選擇沒有配息的基金，目標是要追求淨值的長期成長，從而賺取資本利得。因為特性不同，此類標的比較不適合運用高頻率轉換操作。中長期而言，只要美國道瓊繼續漲，對全世界股市和高收債基金都是好事。反之，就要小心了。

# 衍生性金融商品交易實務

許多人對衍生性金融商品好奇，但又覺得像霧中探險，既期待又怕受傷害，投資時會有害怕的心情是好的，表示在市場中有警覺，畢竟是獵人還是獵物，命運大不相同。

進入零合遊戲的市場，保護自己的資金很重要，寧願不賺也不要多賠。常見的衍生性金融商品，例如VIX、期權、權證，舉例說明操作實務。

## VIX

若預計投入一定資金於衍生性金融商品，對資金和風險控管能力極強的人，或許可以這樣做：若每月只投1％資金，心態上要視為血本無歸，這樣可玩100次。只要押中一次，可能倒賺，前提是不被斷頭提前出場。或許現在起每季視情況而加碼，在本金還沒燒光前押中一次，就有機會暴賺。就像進賭場玩21點黑傑克一樣，算牌後當勝率大增時，要勇敢下注。

若只在台灣投資VIX ETF，目前只有富邦VIX。金管會在2018

年7月26日曾示警，槓桿型和反向型ETF不同於一般投資於股票或
債券等有價證券的傳統ETF，而追蹤美國市場波動率（VIX）指數之
期貨ETF，都是屬於短期操作的策略性商品，並不適合投資人長期
持有。

VIX相關產品的風險很高。如果認為未來投資風險偏高，可買
入富邦VIX（00677U，VIX期貨EFT商品）「短期」持有。隨著VIX
的推升，而逐漸加碼買進，就是為了將來回檔而獲利。

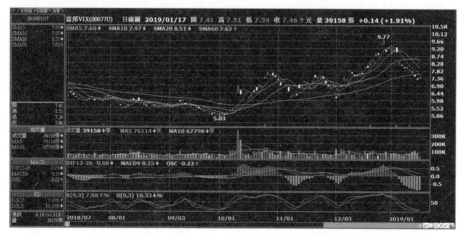

（資料來源：富邦e01軟體）

## 期權交易，哥賺的是策略財

期權交易市場有如「賭場」，估算能賺錢者約8％，而股票賺錢
者還有20％。準備投入期權交易時，希望大家將這樣的勝率放在心
上評估。期貨之於選擇權策略相對簡單，只要看懂趨勢，做好資金
控管，就可以操作。趨勢，不外乎向上、向下或盤整。期貨和選擇

權是可以互相避險的，選擇權可以創造出期貨看錯100點、甚至150點，但結算時卻不賠錢的策略組合。

如果局面看不清時，投資期貨時，最好加上選擇權來保護。只要不貪心，槓桿不要玩太大，還算安全。

## 實戰解說

以投資人小王 2018年6月20日進場買一口小台為案例，為大家說明可以如何思考分析。

假設6月20日決定進場買一口小台，買到10850點。若沒有任何其他措施，且6月21日直接10700認賠停損出場，賠了150點，每點50元，共賠7500元，先不考慮稅和其它費用。

## 策略很重要

6月20日進場後，結果隔天續跌且擔心未來會持續下跌，小王採行的因應和策略經過試算：

策略一：期貨多單套牢後，6月21日做選擇權Covered Call策略。賣出買權：週選201806W4／SC10950，權利金50點；或月選201807／SC11000，權利金50點。

| 交易日期 | 契約 | 到期月份(週別) | 履約價 | 買賣權 | 開盤價 | 最高價 | 最低價 | 收盤價 | 成交量 | 結算價 |
|---|---|---|---|---|---|---|---|---|---|---|
| 2018/6/21 | TXO | 201806W4 | 10950 | 買權 | 49 | 56 | 34.5 | 37.5 | 21563 | 37.5 |
| 2018/6/21 | TXO | 201806W4 | 10950 | 買權 | 62 | 63 | 49 | 52 | 5691 | - |
| 2018/6/21 | TXO | 201806W4 | 11000 | 買權 | 33.5 | 36 | 20 | 23 | 20227 | 23 |
| 2018/6/21 | TXO | 201806W4 | 11000 | 買權 | 43.5 | 43.5 | 31.5 | 34.5 | 5583 | - |
| 2018/6/21 | TXO | 201807 | 11000 | 買權 | 54 | 58 | 42 | 44.5 | 10950 | 44.5 |
| 2018/6/21 | TXO | 201807 | 11000 | 買權 | 54 | 60 | 50 | 55 | 3483 | - |

（資料來源：http://www.taifex.com.tw/cht/3/dlOptDailyMarketView?）

A.如果看錯，6月27日週權結算在10554點：小台－296，SC＋50，損失246點，損失12300元。

B.如果看錯，假設賣在10400點：小台－450，SC＋50，損失420點，損失21000元。

C.如果看對，7月17日賣在10950點：小台＋100，SC＋50，賺150點，賺7500元。

D.如果看對，賣在11200點（或以上）：小台＋350，SC＋50－200，賺200點，賺10000元（最大獲利）。

收益型的操作策略Buy Write，又稱掩護性買權Covered Call的策略，可藉由賣出買權，有權利金收入，增加資產組合的現金流量，提高收益率。可在期貨做多時運用，看錯少賠因有權利金收入，看對仍賺不少，缺點是限制獲利。

---

策略二：期貨多單套牢後，6月21日做選擇權Protective Put策略。買進賣權：週選201806W4／BP10750，權利金30點；或月選201807／BP10700，權利金160點。

---

| 交易日期 | 契約 | 到期月份(週別) | 履約價 | 買賣權 | 開盤價 | 最高價 | 最低價 | 收盤價 | 成交量 | 結算價 |
|---|---|---|---|---|---|---|---|---|---|---|
| 2018/6/21 | TXO | 201806W4 | 10700 | 賣權 | 24.5 | 27 | 14.5 | 21 | 14446 | 21 |
| 2018/6/21 | TXO | 201806W4 | 10700 | 賣權 | 29 | 30 | 21 | 25.5 | 4147 | - |
| 2018/6/21 | TXO | 201806W4 | 10750 | 賣權 | 32 | 37.5 | 22 | 31 | 11237 | 31 |
| 2018/6/21 | TXO | 201806W4 | 10750 | 賣權 | 38.5 | 41 | 30 | 35 | 3146 | - |
| 2018/6/21 | TXO | 201807 | 10700 | 賣權 | 154 | 166 | 135 | 149 | 2556 | 149 |
| 2018/6/21 | TXO | 201807 | 10700 | 賣權 | 149 | 159 | 143 | 155 | 557 | - |

（資料來源：http://www.taifex.com.tw/cht/3/dlOptDailyMarketView?）

　　A.如果看錯，6月27日週權結算在10554點：小台−296，BP−30＋196，損失130點，損失6500元。

　　B.如果看錯，假設賣在10400點（或以下）：小台−450，BP−30＋350，損失130點，損失6500元（最大損失）。

　　C.如果看對，7月17日賣在10950點：小台＋100，BP−160，損失60點，損失3000元。

　　D.如果看對，賣在11200點：小台＋350，BP−160，賺190點，賺9500元。

　　保護性賣權Protective Put的策略，可藉由買進賣權，在期貨做多時運用，看錯下檔有保護，看對獲利無上限。

　　可以自己玩一玩第三種策略「期貨加選擇權SP」和第四種策略「期貨加選擇權BC」，看看哪種策略較優。Covered Call，損益較好，應優先使用。Protective Put，可代替停損。期貨如果和「Covered Call加Protective Put」一起用，就更複雜成本更高了，可以先畫圖看看損益點位在哪裡。

## 夜盤

如果擔心日盤13：45收盤後會變盤，也可以在夜盤交易買賣期權。夜盤是15:00開盤，交易至次日05:00。舉例，在D-1日晚上購買台指選擇權，一口2.9元，D-1日夜盤收盤10.5元，幾個小時就獲利頗豐。但好景不常，D日日盤收盤為2.1元。前後不到16小時，從雲端又掉回地面，反而損失不少。

有時看對盤勢但時不我予，明明只差一天就可以大賺，但偏偏昨天就被結算賠錢而扼腕不已。現在看不見的那隻操盤手，非常厲害，已經可精準的控制大盤的點位。所以，見好就收很重要。常常是進場點還不錯，但出場點不一定好，盤勢變化太快，有時好價位往往錯過就再也回不來了。一定要克服貪婪心態，直接獲利入袋，才能賺到快錢。

## 利用策略穩穩賺

個股是點、期貨是線而選擇權是面。個股和期貨都是線性的，只有選擇權是非線性的。這是一個偉大的發明，讓大家可以發展出各種策略來賺錢，無論是多還是空，甚至看錯行情時。

有本事的人可利用「技術分析」和策略，從小台指和台指選擇權下手。先模擬獲利後再投入資金，每次下一口小台，每月賺取100點～200點，約5000元到10000元的收入。台指選擇權在2018年2月、10月和12月份都曾出現一天百倍以上的行情，平常每日損益

50％以上，也是很正常的波動範圍。看對上天堂，反之，則淒慘無比。

然後以賺來的「小部分錢」，逐漸加大口數（看個人風險承受能力），要嚴格控管資金（避免破產）。從期權賺到的快錢，逐步放入績優股票中，對加速累積財富，都是會有幫助的。

# 權證

權證常用以小搏大高獲利，吸引想要快速致富的年輕人投入。但如果你是投資市場新鮮人，要特別注意，權證的特色是賺錢可能比較快，但賠錢的速度更快，這裡是菜鳥的「屠宰場」，贏者非常少。

舉例，張小姐6月13日以0.12元買進國巨認售權證，當時國巨約1100元。但到8月10日，國巨已經跌到651元，但權證收盤價才為0.13元。買進權證時也沒甚問題，買進後券商常不報價或報得很爛，只好自求多福。張小姐這檔算是幸運，至少還小賺。更黑心的商品，比比皆是。

另一例，蔡先生的際遇大不同，6月4日以0.17元買進大立光認購權證，當時大立光約5100元。但到7月27日，大立光漲到約5300元，賣權證0.38元。這張權證的造市品質不錯，走勢與現股接近，才能賺到這個利潤124％〔（0.38-0.17）÷0.17〕。

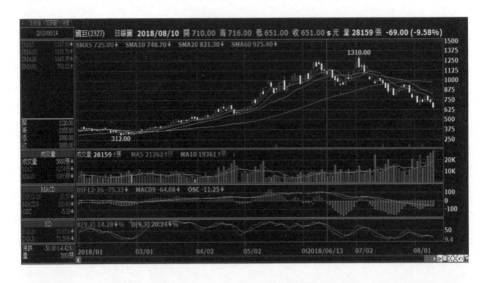

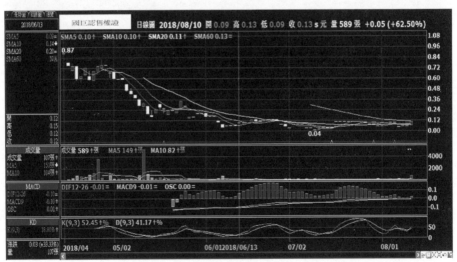

（資料來源：富邦e01軟體）

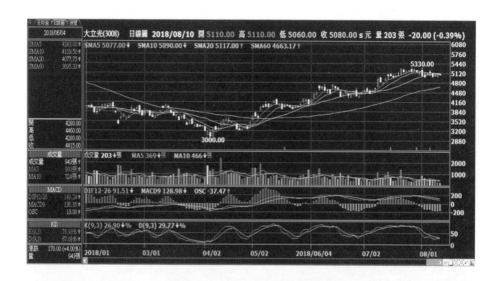

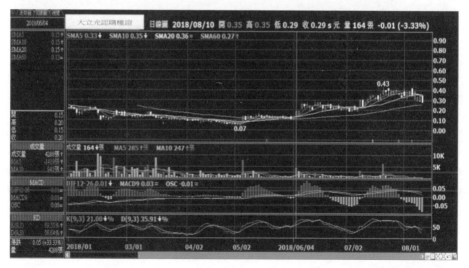

（資料來源：富邦e01軟體）

　　這兩張權證都是同一家券商發行的。我的觀察是每家券商都有黑心商品，沒有例外，但主要還是看產品負責人的心態，負責任的人就會有一定的造市品質。

## 權證交易原則

個人認為：「時機很重要，但不要常用，更要嚴格控管資金」，以 0050 大型權值股為主，偶而玩一下飆股（強勢股）。類股龍頭，有獨一無二的產業競爭地位，短期內不容易被取代。產業第二名的就暫時不考慮，而第三名就完全排除。

另一個觀察指標：「公司法說會老闆自己來主持，應該是景氣好或公司好；若不好，可能會由財務長來主持。」股票就是要買有誠信的公司，權證也是。「馬太效應」驗證強者恆強、弱者恆弱，股票如果持續創新高，認購權證就續抱。如果買進幾天後，不能證明自己看對趨勢，可能要考慮停損出場。看錯趨勢想硬凹到賺錢或逢低加碼，下場通常會更慘。

## 進場時機

業內盛傳「盤久必噴，往下或往下」，當所有均線糾結時，關鍵 K 棒出現時，就是買入權證的好時機。法說會、淡旺季、除權息或特定事件前後，可以考慮介入。看漲就買認購，看跌就買認售。

平常要研究公司基本面，技術指標看均線和乖離率。看對趨勢時，重壓和長抱才會賺大錢。每天損益 30% 以上，是很平常的事。或許買個 5 張 10 張沒感覺，但買個 100 張 500 張以上，感覺一定很強烈，看對看錯差很多，心臟要夠強才行。因為權證的勝率太低，要先認清自己的投資屬性再投入資金。

2018年8月的最後一週，因台積電股價大漲，造勢品質好的台積電相關權證漲個50％以上，是很正常的。

## 風控非常重要

2018年12月24日VIX來到35.38，道瓊指數跌到21792點，聖誕夜並不平安。2018年全球股市，都可以看到大波動。道瓊指數史上盤中震盪超過1000點以上只出現過8次，在2018年卻有5次。2019年，台指選擇權也會隨著指數大幅波動。「單日十倍和百倍行情」的機率會變多，投資人可以善加利用。展望2019年，多空各自表述和激戰，一定又是「很精彩」的一年。未來波動大，投資衍生性金融商品，更是要小心謹慎。

再提醒一次，衍生性金融商品風險極高。賺錢很快，破產也很容易。保護自己的資金很重要，如果看不懂就不能進入這個市場。投資要有專業能力，不該心僥倖或讓自己擔心受怕。期貨做對「方向」就可以賺到錢，但是選擇權要做對「三位一體（方向、速度和時間）」才會賺錢。即使選擇權做對方向，有時還是會賠大錢的，因為造勢者隨時都在「偷或搶」我們的錢直到結算為止。這件事實在太複雜，以後有機會再來詳述。

先紙上模擬可以賺錢了且從股票或基金賺到錢了，再拿出一小部分「贏來的錢」來投資，會是比較好的決定。嚴格風險管控，非常、非常、非常重要。

# 享受長期投資獲利的果實

決定人一生財富的因素，不僅是來自於有賺錢能力，更重要的關鍵是對金錢和風險的態度。

人都喜歡賺到錢，厭惡或害怕賠錢。2017年諾貝爾經濟學獎得主，理查德・塞勒（Richard Thaler）教授提出「稟賦效應」理論，證明：「擁有一樣東西之後害怕失去的感覺」，它暗含著一個「損失厭惡」的假設。你對自己所擁有的東西的價值判斷，常常是非理性的，這就是行為經濟學。

「投資賺到2000萬的樂趣，可能，遠小於，投資賠掉200萬的痛苦。」賠錢是非常痛苦的。請記得：「第一點，不要賠錢。第二點，不要忘記第一點。」2008年金融海嘯時間，有富豪自殺身亡，即使有損失還是非常富有，但他們就是過不了心理這一關。

## 加速賺錢的四種做法

喜好獲利，厭惡損失的天性，嚴重影響人的投資時的判斷能力，如果懂得人性就贏得一大半。所以，順著人生走，先按步就班從穩健的投資市場賺到錢，之後再拿出一點錢做波動性高的交易，

即使輸錢，但至少痛苦程度比一開始就賠錢少一些。例如，在股票賺到錢後，才拿出一些錢來交易衍生性金融商品。

我將運用彙整表讓大家思考戰勝人性的投資方法，還有四種操作方法：

| 類型 | 股票 | | | 基金 | | | 衍生性金融商品 | | | |
|---|---|---|---|---|---|---|---|---|---|---|
| | 黑猩猩 | 飆股 | 股權 | 高收債 | 題材型 | ETF | 期貨 | 選擇權 | 權證 | VIX |
| 風險度 | 低 | 高 | 高 | 低 | 低 | 低 | 高 | 高 | 高 | 高 |
| 報酬度 | 中 | 高 | 高 | 中 | 高 | 中 | 高 | 高 | 高 | 高 |
| 持有時間 | 數年 | 數月 | 數年 | 數年 | 數月 | 幾年 | 數日 | 數日 | 數週 | 數週 |
| 年化報酬率 | ～15% | >100% | >20倍 | 5%～10% | >20% | ～10% | N倍 | N倍 | N倍 | N倍 |

（風險報酬的模擬或經驗值，吳家揚製作）

這裡提到的「題材型」基金，類似強勢股的概念，如金磚四國基金、東協基金、中國基金、巴西基金、生技、能源、糧食、AI等等，當短期間漲幅會大幅超過預期，就該先停利「落袋為安」。然後繼續定期定額，在設定區間來回操作。

一、適合一般人的黑猩猩選股法（價值投資法）：

1.若目標500萬元，用18年的時間，每個月定期定額投資5000元，投資年化報酬率15％。這樣的結果是：

PV＝0，PMT＝－5000，n＝12×18＝216，r＝15％÷12＝1.25％，求解FV＝5453113元。18年後，就擁有500萬。

2.用20年的時間，每個月定期定額投資5000元，投資年化報酬率15％。

> 這樣的結果是：PV＝0，PMT＝−5000，n＝12×20＝240，r＝15％÷12＝1.25％，求解FV＝7486197元。用20年時間，換取750萬。

3.第6年後，若有預算投入額外的第二筆錢，每個月再定期定額5000元，投資年化報酬率15％。再過20年後，一樣有7486197元。

4.兩筆投資花25年時間，總合大約1500萬：前5年每月5000元；第6年到第20年，每月1萬元；第21年到第25年，每月5000元。

5.連最簡單的價值投資法，只要遇到股災就加碼，將第二筆定期定額的錢提早投入部分或全部。一定可以在短期之內，大幅提高報酬率。

這個方法，理論上不難，但要專款專用非常難，否則只是紙上談兵而已。


二、第一筆定期定額價值投資的錢，到第5年也小賺一些，心裡也比較踏實。拿第二筆錢的部分，可考慮投資飆股或上漲的權證，一年至少漲一倍以上，用10年的時間，每年定期定額投資5萬元，投資年化報酬率100％。

這樣的結果是：PV ＝ 0，PMT ＝ −50000，n ＝ 10，r ＝ 100％，求解FV ＝ 51150000元。每年找到一支飆股，連續10年，就已經超過5000萬元，只有極少數的人做得到。

三、衍生性金融商品，每個月20％，聽說是師傅學生中績效最差，會被「譏笑」的人。師傅的績效，號稱每月至少是翻倍以上。如果只要投入5萬元本金，

2年後：PV ＝ −50000，PMT ＝ 0，n ＝ 24，r ＝ 20％，求解FV ＝ 3974842元。

3年後：PV ＝ −50000，PMT ＝ 0，n ＝ 36，r ＝ 20％，求解FV ＝ 35440094元。3年後3500萬元，也滿誘人的。

四、如果有賺錢能力，將上述三法方式搭配使用，每月投資5000元，要得到最後500萬的投資結果，有可能不到10年就達標。遇到股災敢買加碼者，勢必縮短時間，主要就是要提高勝率和投報率。這是有方法和紀律可遵循的，而且必須符合一定的投資條件，也要具備相關知識才行。

如果依據表格內的年化報酬率，來預測四種投資結果。第一種操作方法算是正規的方法，雖然慢但按步就班穩穩賺。而第二、三、四種，要看個人能力和機運。

## 集中投資

　　集中投資（黑猩猩選股法）是在建立投資組合時，只在少數幾支績優股票上進行長期投資。如果要尋求超越指數表現的投資回報，長期集中投資則有助於實現這個目標。

　　如果擔心股票選錯，投資強勢基金或「邪惡基金」也是選項。「特許」的邪惡基金的投資標的鎖定在「航空防禦公司、博弈賭場、釀酒廠、紅酒烈酒、菸草公司、國防軍火公司」等被視為不道德的產業。特許事業進入障礙高，通常不涉及景氣循環。投資界多數人認為，這是「可超越景氣循環」和「可分散投資風險」的投資標的。

　　邪惡基金的指標即ISE邪惡指數（ISE SINdex指數）由標準普爾（S&P）編製，據彭博資料顯示，目前邪惡指數前三大成份股分別為賭場、博弈、酒類公司。台灣目前沒有引進邪惡基金，投資人若想買，可能必須透過銀行OBU或國外券商等管道才買得到。

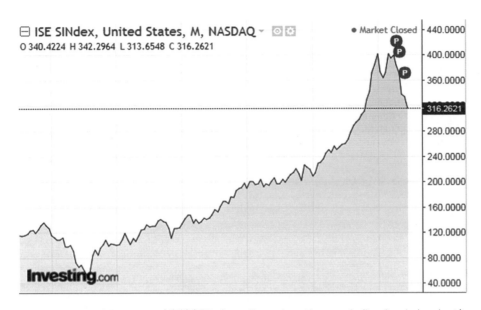

（資料來源：https://www.investing.com/indices/ise-sindex-chart）

　　舉例2009年3月2日指數為49點，2018年12月12日指數為316點：PV＝-49、FV＝316、PMT＝0、n＝9.8，求解I／Y＝20.9％。就算2013年9月2日指數為186點時投入：PV＝-186、FV＝316、PMT＝0、n＝5.3，求解I／Y＝10.5％。這樣的年化報酬率，應該還不錯。邪惡基金長期持有漲幅不少，也可考慮納入投資組合中長期持有。

## 正確的投資態度和做法

　　因為衍生性金融商品的風險實在太高，贏者不多，資金控管要非常嚴密。如果有賺到錢，最好挪出獲利放在安全的地方。魔鬼要

使人瘋狂時，一定先讓他們嘗甜頭、短期內賺大錢、讓他們一步一步失去戒心、讓他們以為自己很厲害、讓他們驕傲又自大。當最後一把「全押」，就再見了，不可不慎。

投資賺錢很難，但投資「賠錢或被騙」卻很容易。因為貪婪和無知，而成為被詐騙的對象。詐騙成員，都以自己人居多，例如不學無術的家人或失散多年的好友等。他們說起「穩賺不賠」高獲利的投資案時，頭頭是道，雖然都經不起邏輯檢驗，因為是自己人，選擇相信他們。最終就將家族的錢，全都送進詐騙集團的口袋，除了搞得「當事人」自己裡外不是人之外，然後詐騙集團就人間蒸發了。

要提醒，不要胡亂投資，我看過太多的案例，好不容易存到了第一桶金，如100萬元，但因為一次的投資失利，就把過往辛苦存下來的錢付諸流水，積蓄永遠都是0與100萬元上下跑動，只好逼迫自己不斷地賺錢，但積蓄永遠都很少。

守住自己的錢不要被騙很重要，尤其在「心靈空虛」或「投資失利」時，最容易鋌而走險。年紀大時才被騙，恐怕晚景會悽慘無比。年輕時就要投資於市場中，隨著時間來享受結出的果實。我們要清楚知道：「工具、時間和風險，和報酬有絕對關係」。找到對自己有利的投資方式，才能樂在其中，也才有動力去精進賺錢的能力。

# 善用投資筆記，
# 將資料庫變成發財庫

對於想從事投資的人來說，強烈建議一定要有專屬於個人的投資
筆記，紀錄個人的投資歷程、蒐羅分析資料，經過一段時間之
後，這筆記所形成的資料庫將成為投資的龐大資源，資料庫會變成
發財庫。

## 資料庫的內容

　　要如何著手進行個人的投資筆記紀錄呢？投資時，我強調一定
要先將「風險」擺在第一位。先了解商品的風險和自己能夠承擔的
風險之後，再來談報酬率。在記錄的過程中，一定會注意到風險的
分析與量化。

　　何將風險量化？市面上已經有非常多好的指標可以衡量，例如
信用評風險報酬等，我也會將這些資訊，蒐集在資料庫中，當作投
資理財的參考依據。

　　在內容的分類上，我將其分為「學習」、「資產」、「投資」、「資
訊」等訊息類資訊。善用網路的方便性，紀錄時將聯結附上，可輕

易查詢需要的資訊。常逛和更正網址，因為有些網站會死掉。隨時增加對自己有幫助的內容，我認為這是資訊爆炸時代最簡易的求知辦法。

| | A | B |
|---|---|---|
| 1 | 華爾街日報 | https://www.wsj.com/asia |
| 2 | 彭博 | https://www.bloomberg.com |
| 3 | Dohmen資本研究 | http://dohmencapital.com/ |
| 4 | Reckoning日報 | https://dailyreckoning.com/ |
| 5 | 巴倫週刊 | https://www.barrons.com/ |
| 6 | CNN | https://money.cnn.com/ |
| 7 | 富勒 | http://www.fullertreacymoney.com/ |
| 8 | 富比世 | https://www.forbes.com |
| 9 | 魯比尼總經 | https://www.roubini.com/ |
| 10 | TheStreet | https://www.thestreet.com/ |
| 11 | 經濟學人 | https://www.economist.com/ |
| 12 | Financial Times | https://www.ft.com/ |
| 13 | 勞保局 | https://www.bli.gov.tw/ |
| 14 | 健保署 | https://www.nhi.gov.tw/Default.aspx |
| 15 | 主計處統計資訊網 | https://www.stat.gov.tw/mp.asp?mp=4 |
| 16 | 公司基本資料查詢 | https://serv.gcis.nat.gov.tw/pub/cmpy/cmpyInfoListAction.do |
| 17 | 未來事件交易所 | http://xfuture.org/ |
| 18 | 主計總處 | https://www.dgbas.gov.tw/mp.asp?mp=1 |
| 19 | 國發會 | https://www.ndc.gov.tw/ |
| 20 | 中小企業總會 | http://nasme1.so-buy.com/front/bin/home.phtml |
| 21 | 會計研發會 | http://www.ardf.org.tw/ |
| 22 | 台灣經貿網 | https://info.taiwantrade.com/index.html |
| 23 | 經濟部 | https://www.moea.gov.tw/Mns/populace/home/Home.aspx |
| 24 | 經濟部中小企業處 | https://www.moeasmea.gov.tw/mp.asp?mp=1 |
| 25 | 青創總會 | http://www.careernet.org.tw/ |
| 26 | 數位時代 | https://www.bnext.com.tw/ |
| 27 | 百度 | https://news.baidu.com/?cmd=1&class=finannews&pn=1&from=baihe |
| 28 | 新浪 | http://finance.sina.com.cn/china/index.shtml |
| 29 | 信報 | http://www1.hkej.com/dailynews/toc |
| 30 | 臉書 | https://www.facebook.com/ |
| 31 | 谷哥 | https://www.google.com/ |
| 32 | 台灣全文資料庫 | http://www.hyread.com.tw/hyreadnew/search_detail_new.jsp?dtd_id=3&sysid=00125840 |
| 33 | 科技新報 | https://technews.tw |
| 34 | | |
| 35 | | |

學習　資產　投資　資訊　黑心權證　+

（資訊來源：吳家揚常用的百個網站）

　　根據所蒐集的資料，消化整理後，建立起個人專屬的「賺錢DIY資料庫」。這個動作並不難，到公開資訊站抓取資料，製作成自己看得懂的圖表。這個動作會讓自己與市場有緊密的連結，讓自己很容易在狀況內。

## 投資界的四種人

　　我習慣用數字和圖表，來管理工作內容和進度。如果我們用視覺化來看投資人，可以很清楚，看到投資市場不出四大類型的人。

　　我將其分列在四個象限：

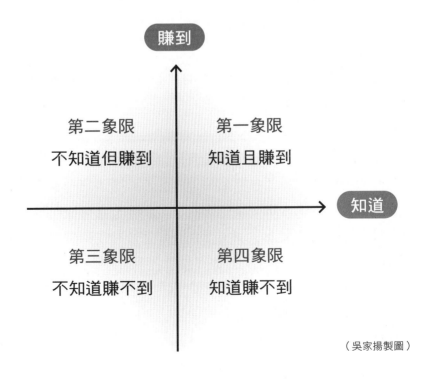

（吳家揚製圖）

241

第一象限的人：知道且賺到，是「贏家」，希望能繼續保持下去，但畢竟是少數。第二象限的人：不知道但賺到，是「運氣好」且最危險。驕傲自大到以為賺錢很容易，當好運用盡，就輸光或破產而退出市場了。

第三象限的人：不知道賺不到，是「輸家」，要繼續加油。因信心不足，也很快退出市場，但至少不會大賠。

第四象限的人：知道但賺不到，是「專家」，要多紙上模擬練習再出手。

台積電創辦人張忠謀董事長曾說過：「他之所以可以做良好決策，就是因處為在資訊流中。如果退休了，就會在資訊流之外，而無法提供公司最好的決策品質。」不管從事甚麼事業，資訊流都很重要。投資也是，如果搞不清楚狀況，就像「盲人騎瞎馬」，早晚會出事。

從前述的四個象限，我們可以找自己的位置，針對不同投資項目，因為熟悉度及專業度的差異，同一個人在不同項目的象限會有差異。

隨著時間與環境的調整，我們要提醒自己想辦法移動象限，以為自己的經驗來說，當年剛進股市時，運氣好遇到大多頭，不管買甚麼，賺多賺少都會賺，當年只學技術分析，大概位在第二象限。現在股市投資經驗32年，專業度與技術已晉升到第一象限。每個人對各種投資工具掌握的能力，也可能落在不同象限中。

對於不懂但有幫助的東西，就應該去花錢和時間學習，克服自己無知的狀態。將學習心得做簡短記錄，寫於自己資料庫中。就像日記般，是很私人私密的紀錄，忠實呈現自己的想法，不用自欺。

# 偶爾也會記些「負」能量

　　學習過程會有些有趣的事情發生，市場消息虛虛實實，看懂了，知道許多是吹捧的花招，看不懂又貪心，口袋就危險。所以我的投資筆記也會記下這些訊息，一方面當成提醒，另一方面也好玩。有幾類常見的小花樣，如果遇到了，千萬要有風險意識：

## 投資明星培訓班

　　有如星探挖掘有明星夢的少男少女一般，這種班主訴求對投資一些興趣的人，讓你覺得自己是千里馬而他們是「伯樂」，參加他們「養成速成班」，就會變名師。培訓過程大致是這樣，先上演說培訓，再自費出一本書，花錢行銷塑造暢銷書，然後包廣播或電視時段，大量短期曝光。當然，羊毛出在羊身上，這些費用要從你的荷包掏出。

　　抓住人們想一夕成名的夢想，有平台專門提供這種服務，這是花錢的行銷噱頭，但之後能否存活，有賴個人「硬實力」。這樣一條龍教育培訓公司，報名人數相當踴躍。我個人認為，直接投資這種商業模式的公司賺錢機會高，不失為是個藍海市場。

## 絕地重生的師傅

　　叫牌和講趨勢不準的叫seafood（師傅），海鮮類是有保存期限的，電視台或報章雜誌上那些名嘴和專欄作家或經濟學家都算。書

籍作者，寫完後自己再也無法達到書中聲稱的績效，或一再修正自己的看法，也算。對於完全不懂投資的人，有時跟師傅對做，賺錢機率比自己亂搞還要高。當然這種做法很危險，不建議。

這些師傅的身世都很傳奇，共通的腳本是曾經窮到讓人看不起、學經歷又差，投資破產好幾次之後，終於苦學發現「勝杯」，從此「從一無所有、到應有盡有」。而這些師傅翻身後，都發願幫助他人脫貧。多聽幾個，你會懷疑他們是不是同一個培訓單位訓練出來的，連話術都一樣。有人利用Excel拉拉報表，就用AI名義來唬人。更多師傅聲稱可未卜先知預測未來，一樣經不起考驗，但又每天自誇說賺了多少錢。授課或著作內容東抄西抄還抄錯，毫無原創性。還有，遇到破產好幾次而現在變很有錢的人，基本上，我都質疑。

投資重視「邏輯性和合理性」，遠比「技術分析和程式交易」更重要。師傅常說衍生性金融商品投資不會有風險，還有人自稱「上帝」和「勝率100％」的，還要訓練操盤手大賺世界的錢。他們常常發預言「崩盤到5000點以下」，已經好幾年了，都還沒實現。學費不便宜，CP值也很低。聽到「無風險」大家要警醒，這些師傅的報酬率，可能來自你付出的高昂學費。有一本書的書名是《為什麼他說謊卻毫無罪惡感》，這大概是我對師傅的認知了。

另外，詐騙也有一定的模式。「速成班」至少花錢還可以學到東西，但詐騙就是「你要他的小利息、他要你的大本金」，上鉤後投資本金就沒了。這些人開的說明會和課程內容，以及我的心得感想，一樣會列在投資筆記中，至少避免自己或家人成為受害者。

相對於師傅，市場變動這麼快，投資說得準的人（也無法100％精準），而這些人通常很低調，我會尊稱為老師或大師。他們久久才

講一次話，因為趨勢不會一夕之間改變。而他們的學經歷和投資績效，都值得我效法和學習。他們的談話、學習管道和投資內容，也會放進我的投資筆記中。對於投資理財的心得，我喜歡「寫下來和說出來」，這樣就可以知道自己懂不懂、有沒有邏輯、有沒有料。而最重要的是，能不能經得起市場的考驗。

# 91戰法比較穩當

若投資屬性積極者，一進入市場，資金分配90％在穩定獲利的商品上，10％投資於高風險資產，姑且稱之為「91戰法」；而投資屬性保守者，原投資計畫不變，等一陣子賺到錢後，再拿出總額10％投資於高報酬標的，其餘90％依然放在穩定獲利的商品上。

舉例要投資1萬元：積極者一開始，就投資9000元於優質股票長期持有，而1000元投資衍生性金融商品。保守者，等投資賺到2000元時，總額變成12000元後，再拿1200元投資衍生性金融商品，而10800元依然投資優質股票長期持有。這樣有機會可以加速獲利，但風險也可能同步放大。

有些人，聽到明牌就會砸大錢投資股票，完全不過問任何基本面的問題，通常都是反指標。因為市場上太多這樣的人，看了很不忍。但沒有這些人，專業投資人股票賺錢速度就會變慢。留得青山在，不怕沒柴燒，最後還是要再一次提醒風險放在首位。

# 如果可以，兩個人一起賺真的會比較快致富

「**我**連養活自己都有困難了，怎麼結婚？」

愈來愈常聽到這樣的哀號，擔心經濟能力不夠而不敢或不願意成家。但是如果純粹從經濟的角度來看，結婚後兩個人一起賺錢、一起投資，以家庭為單位計算開銷，累積財富的速度反而比較快。

婚姻與財富累積之間可以是正相關，其中還牽涉到兩人的收入及消費態度。如果要維持退休後的生活水平與工作時期相當，知道且控制在相對應的消費額度內，也能達到目標。

## 如何擴大投資規模

我用王小姐的經驗，三種情境為例子，從中大家就能體會到，婚姻與財富之間的關係。假設通膨等於薪資成長率，實質投資報酬率6%，要求工作時期與退休後的生活水平相同，實質生活水準為C元。

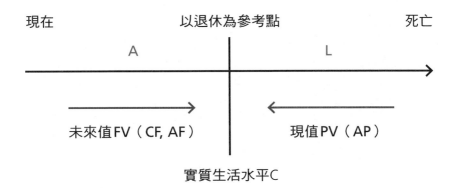

現在　　　　　　　　以退休為參考點　　　　　　　死亡

A　　　　　　　　　　　　　　L

未來值FV（CF, AF）　　　　　　現值PV（AP）

實質生活水平C

（吳家揚製圖）

---

**情境一：單身時的財務**

　　王小姐在35歲時做人生第一次退休財務規劃，特別強調終其一生生活品質不能改變。她當時住父母家不用付房租，單身沒有結婚打算，年收入80萬元，生息資產100萬元，預計55歲退休，85歲終老。

---

　　解答：100萬元×CF（6％，20年）＋（80萬元−C）×AF（6％，20年）＝C×AP（6％，30年）

　　CF（6％, 20年）：n＝20、r＝6％、PV＝−1、PMT＝0，求解FV＝3.2071。

　　AF（6％, 20年）：n＝20、r＝6％、PV＝0、PMT＝−1，求解FV＝36.7856。

AP（6%, 30年）：n＝30、r＝6%、FV＝0、PMT＝－1，求解 PV＝13.7648。

帶入：100×3.2071＋（80-C）×36.7856＝C×13.7648，求解 C＝64.5605萬元／年。

在這樣的條件下，王小姐終其一生，每月可花費5.38萬元，生活水平可維持不變。

---

### 情境二：結婚後的財務

在36歲時，王小姐遇到鄭先生而決定結婚。由於王小姐個人投資績效不佳，結婚時生息資產變成70萬元。鄭先生38歲，擁有自住房屋1000萬元，已繳完房貸，但無積蓄。年收入150萬元。兩人希望婚後盡快有小孩，預估每年教養費50萬元，養到22歲大學畢業。

在這樣的情況下，他們需要花費多少錢能維持生活水平？這個情境下，兩人都將退休年紀往後延到小孩22歲，先不考慮賣房，退休到死亡設定為25年。

---

解答：70萬元×CF（6%, 22年）＋（150萬＋80萬元－50萬元－C）×AF（6%, 22年）＝C×AP（6%, 25年）

CF（6%, 22年）：n＝22、r＝6%、PV＝－1、PMT＝0，求解 FV＝3.6035。

AF（6%, 22年）：n＝22、r＝6%、PV＝0、PMT＝−1，求解 FV＝43.3923。

AP（6%, 25年）：n＝25、r＝6%、FV＝0、PMT＝−1，求解 PV＝12.7834。

帶入：70×3.6035＋（180−C）×43.3923＝C×12.7834，求解 C＝143.5293萬元／年。

工作時期與退休後，每月兩人花費11.9608萬元，每月每人花費5.98萬元，生活水平可維持不變。王小姐婚後花費可提高，但鄭先生會下降。

---

## 情境三：離婚後又是一個人賺

婚後37歲王小姐變成鄭太太也很快生下小孩，鄭先生被公司派往大陸工作。由於聚少離多且大陸小三介入，婚後2年兩人協議離婚。房子和小孩歸38歲的王小姐，成為單親家庭。王小姐年收入依然80萬元，但生息資產回到90萬元，扶養小孩費用降為30萬元，需要再養21年。王小姐希望小孩22歲獨立，她59歲就退休，85歲終老。

---

解答：90萬元×CF（6%, 21年）＋（80萬元−30萬元−C）×AF（6%, 21年）＝C×AP（6%, 26年）

CF（6%, 21年）：n＝21、r＝6%、PV＝−1、PMT＝0，求解

FV = 3.3996。

　　AF（6%, 21年）：n = 21、r = 6%、PV = 0、PMT = −1，求解 FV = 39.9927。

　　AP（6%, 26年）：n = 26、r = 6%、FV = 0、PMT = −1，求解 PV = 13.0032。

　　帶入：90×3.3996 +（50−C）×39.9927 = C×13.0032，求解C = 42.8825萬元／年。

　　工作時期與退休後，每月花費3.57萬元，生活水平可維持不變。雖然得到房子，在不賣房的前提之下，養小孩會降低生活花費。

## 配偶很重要

　　物價和房價上漲的速度，比調薪的速度快許多。所以平常一定要記帳，知道哪些錢是可以省下來做投資的。能省則省，投資優先。

　　將工作收入拿來提高生活品質，無可厚非，但請忍住暫時先不要吃棉花糖。長期而言，沒有累積到足夠資本，就沒有能力承擔未來的風險。有錢人的主要收入都不靠薪資，而是股利和房租等等。有錢人和一般人的差別，只是觀念做法和先後順序的不同而已。不少累積很多資產的人，甚至比一般人更能適應低消費的生活方式。

　　成家之後買房是許多人的選項，投資房地產則是見仁見智。但如果是自住型的購屋，除了省下房租，還可能享受「節省遺產稅」

和「不動產增值」的雙重好處。

巴菲特說：「擇偶很重要。」好的配偶讓你上天堂，所託非人讓你住套房，離婚則會破財。記帳和花費，都要以家庭為單位，投資也是。要讓家人知道財務狀況，比較安心。兩個人賺錢速度不但比較快，住在一起後的固定花費如房租、飲食、3C、交通費等，都可以降低。將省下來的錢，用來投資「加速賺錢」計劃，財富成長會快很多。

## 上班族也可能致富

投資理財的基本觀念和做法，說起來尋常無奇，但大樓要從地基蓋起，愈是基礎的功課愈重要，那是一生甚至下一代大富的基石。

給小資族的理財建議：先要重視自己上班的「工作收入」，將本業顧好，因為這是帶動未來的十幾、二十年財富成長的引擎。如果自我設定是50K一族而不想改變，那也是個人自由。但如果認為這不該是個人價值，就要爭取自己該有的對待。永遠要投資自己，終身學習，將投資賺錢變成一件有趣的事。

當工作之餘，還要學習投資理財，讓「工作、學習、理財」成為「理財金三角」，不斷地加強和建構此「財富之梯」，來支撐想過的生活。當有一天發現自己投資理財能力夠了、淨資產變厚了、口袋變深了，當被動收入大於包含醫療和看護費等各式生活支出，就達到財富自由的境界了。

富豪夢大家都不排斥，世上無奇不有，中大樂透或繼承大筆遺

產的也大有人在，只是機率非常非常低。許多人想一步登天，一夕致富，這都是不切實際的幻想。好好上班工作存第一桶金，雖然慢但這是最實在的辦法。努力工作加薪升職才有望，如果，這份工作無法滿足你的欲望，不管是成就感、財務計劃或生活水準，就應該勇敢換工作。

在下班時間，不急著做無謂的消費或和同事打屁談八卦，而是利用時間進修，學習現在和未來的「謀生」技巧和能力。一段時間後，能力進步了，自己和別人都可以看到驚人的改變。

如果有機會，夫妻中有一個人應該去「新成立而將來會IPO的公司」上班，這樣有可能賺取「股權投資」的額外報酬。當然要先做好風險評估，因為有些人不但沒賺到溢價，反而還被無良的公司害慘了。

一步一腳印，用時間來換取財富，是最實在的方式。如果可以，兩個人一起賺比較省力，也比較有「多餘的閒錢」做投資，加速財富增漲的機會。

## 人生 10 年一個大運

人生每10年會有一個大運：「掌握到一次，一代人財富自由；掌握到兩次，兩代人財富自由；掌握到三次，家族有機會晉升為富豪階級。」白手起家的富豪們，至少都經過30年以上的努力，才能達到這種境界。現在資訊比較透明和容易取得，「股權投資」有機會減少成為富豪需要努力的時間。

　　每個人的一生，都有兩次到三次的大機會，自己的大運由自己決定。機會是留給準備好的人，當機會來臨時是否可以辨識並善用。如果能在40幾歲就可以享受財富自由，表示之前至少做對一件大事。將成功經驗內化，當第二次大機會來臨時，將更有能力也更容易識別和掌握它，讓財富和生活水平更上一層樓。

　　如果可以，兩個人一起賺，真的會比較快致富。

**國家圖書館出版品預行編目（CIP）資料**

從5000元開始，以小錢搏大錢／吳家揚著. --初版,
-- 臺北市：商周出版：家庭傳媒城邦分公司發行,
民108.1
　　　面；　　公分 . —（新商業周刊叢書；703）

ISBN 978-986-477-577-4（平裝）

1. 股票投資　2. 基金　3. 投資分析

563.53　　　　　　　　　　　　　107019993

**新商業周刊叢書 BW0703**

# 從5000元開始，以小錢搏大錢

| | |
|---|---|
| 作 者／吳家揚 | |
| 責 任 編 輯／張曉蕊 | |
| 版 權／黃淑敏、翁靜如 | |
| 行 銷 業 務／莊英傑、王瑜、周佑潔 | |

總 編 輯／陳美靜
總 經 理／彭之琬
發 行 人／何飛鵬
法 律 顧 問／台英國際商務法律事務所
出 版／商周出版
　　　　　台北市中山區民生東路二段141號9樓
　　　　　電話：（02）2500-7008　　傳真：（02）2500-7759
　　　　　E-mail：bwp.service@cite.com.tw
發 行／英屬蓋曼群島商家庭傳媒股份有限公司　城邦分公司
　　　　　台北市中山區民生東路二段141號2樓
　　　　　電話：（02）2500-0888　　傳真：（02）2500-1938
　　　　　讀者服務專線：0800-020-299　　24小時傳真服務：（02）2517-0999
　　　　　讀者服務信箱：service@readingclub.com.tw
　　　　　劃撥帳號：19833503
　　　　　戶名：英屬蓋曼群島商家庭傳媒股份有限公司　城邦分公司
香港發行所／城邦（香港）出版集團有限公司
　　　　　香港灣仔駱克道193號東超商業中心1樓
　　　　　電話：（852）2508-6231　　傳真：（852）2578-9337
　　　　　E-mail：hkcite@biznetvigator.com
馬新發行所／城邦（馬新）出版集團
　　　　　Cite (M) Sdn Bhd
　　　　　41, Jalan Radin Anum, Bandar Baru Sri Petaling,
　　　　　57000 Kuala Lumpur, Malaysia.
　　　　　電話：（603）9057-8822　　傳真：（603）9057-6622
　　　　　E-mail：cite@cite.com.my

封面、內文設計排版／黃淑華
印 刷／韋懋實業有限公司
總 經 銷／聯合發行股份有限公司
　　　　　電話：（02）2917-8022　　傳真：（02）2911-0053
　　　　　地址：新北市231新店區寶橋路235巷6弄6號2樓

■ 2019年（民108）1月28日初版

ISBN 978-986-477-577-4

Printed in Taiwan
城邦讀書花園
www.cite.com.tw